류시의
노을정원

金相芬 수필집

교음사

| 책머리에 |

이제 나는 감빛 노을 정원에 서 있다.

하얗게 센 머리와 구부정한 허리에도 내 나이를 세고 싶지 않다. 초록빛 생명과 함께라면 아직도 나는 행복하다. '비밀의 화원' 속의 꿈 많은 소녀나 맨발의 타샤 할머니처럼. 흙과 한 덩어리가 되어 풀과 씨름하며 보내던 중년은 나의 정체성을 찾으려는 고된 세월이기도 했다. 애를 쓰고 노력한 만큼 보람도 컸기에 이제 서녘 노을을 바라보는 시간이 그냥 아름답다. 지나간 세월이기 때문일까. 더욱 애틋하고 소중히 여겨지는 나날에 대하여 새로이 엮는 글집을 『류시(流始)의 노을정원』이라 이름 짓는다.

대학에서 원예학(園藝學)을 전공하고 그중에도 조경(造景)에 관한 학문의 꿈이 컸다. 그러나 그것은 내게 언제나 로버트 푸르스트의 '가 보지 못한 길'로 남겨두어야 했다. 오랜 세월을 서구의 문명과 문화에 동화되며 사는 동안에도 그 꿈은 잊을 수 없었지만 현실의 벽은 너무 높았다. 돌아온 고향에서 비로소 나의 이상향을 찾게 되었다. 시어른께서 물려주신 작은 텃밭에 꿈의 씨앗을 심기로 했다. 오랜 소망을 실현할 나눔의 공간이자 원예치료

정원을 열었다. 안락한 전원생활과는 달리 가든테라피라는 확실한 목표가 내 안에 자라고 있었기에 가능했다. 식물을 키우고 꽃과 열매를 수확하고 감상하며 그 커 가는 과정을 몸소 겪으며 치유받을 수 있는 대체의학의 한 분야인 가든테라피는 중증장애우나 지적장애를 앓는 환우들에게 효과적이어서 미술이나 음악치료에 상응하는 의학적으로 유의미한 치료 방법이지 않은가. 어쩌면 나 자신과 주변의 이웃을 향한 나눔이었는지도 모를 작은 정원은 정녕 보람찼다.

김상옥의 시, 「남으로 창을 내겠소」에서처럼 '괭이로 파고 호미론 김을 매지요'는 나의 일상이었다. 맨처음 나의 작은 정원을 열어준 벚나무와 목련 사이로 영산홍과 회양목 그리고 지금도 나의 벗이자 스승이 되는 식물 맥문동으로 꾸며진 소박한 공간은 해마다 봄이 오면 꽃대궐을 이루었다. 나무들 사이로 피어나는 풀꽃들은 계절이 바뀔 때마다 얼마나 찬란히 웃어주었던가. 첫 새벽부터 해가 기울도록 홀로 짓는 농사는 결코 쉽지 않았지만 자연에 대한 많은 발견과 성찰로 얻은 사유를 글쓰기로 이어지게 해주었음에 감사하다. 그렇게 심은 수필나무에 공을 들이고 정성을 쏟기를 몇 해이던가. 뿌리를 내린 나무에 꽃이 피고 작은 열매도 달리며 줄기가 굵어지고 가지가 퍼지니 어찌 기쁘지 않았으랴. 『작은정원』에 이어 『겨울정원』, 『글밭에서』 그리고 『녹색글방』까지 더없이 행복한 시절의 이야기들이다. 글을 읽고 배우며 맺어진 작은정원에서의 좋은 인연들은 아직도 만날 때마다 고즈넉한 그곳을 그리워한다. 토포필리아(場所愛)적 내 삶의 방식 또한 큰 역할을 했을 것이다. 태평농법(太平農法)과 닿아 있는 너무도 인간적인 친화력(親和力) 때문이었는지도 모르겠다.

이번에 엮는 『노을정원』은 지난날의 농원 경영에 대한 그리움으로 시작하여 우리 온 인류가 겪었던 코로나 팬데믹으로 인한 시대 상황이 이어진다. 몇몇 해를 온 지구촌이 만신창이가 되었다가 겨우 회복될 무렵, 느닷없이 들이닥친 집안의 우환은 오랫동안의 병동 일기를 쓰게 했다. 말미 부분에 일상에서 바라다본 자연환경과 기상이변에 관한 우려는 이 시대를 살아가는 모두가 공감하는 딜레마일 것이다.

호수에 흰 구름이 잠겨 있다는 백운호수, 천혜의 아름다운 풍광이 사라지고 무서운 경제성의 도시개발 프로젝트에 의해 고층주거단지로 변모되었다. 어떻게 그 빛나던 날들을 잊을 수 있으랴. 초록빛 생명들은 곳곳으로 옮겨져서 푸른 그늘을 만들고 향기로움을 전하며 살아간다. 멀리는 세종시에도 아름드리 왕벚나무가 흐드러지게 피어나고 난지천변의 노을공원에도 경의선 숲길에도 매화나무가 해마다 봄을 일러준다. 나의 나무들과 풀꽃들의 씨앗과 뿌리들은 우리가 살아가는 푸른 별 지구 어느 한구석에라도 맑은 공기와 행복을 전달하는 메신저가 되어주기를 기도하는 마음이다.

이제는 늙은 나를 돌아보며 손바닥만 한 발코니에서 노을정원을 가꾼다. 작아진 내 키만큼 오종종한 수필나무도 보듬으며 무심히 바라보는 서녘 하늘이 곱다.

노년의 꿈도 아름다울 수 있기를 소망한다. 내 마음이 그러하면 아니 그럴까.

2025년 12월 대림절에 보랏빛 촛불을 켜다

산내들길 노을정원에서 金相芬

| 金相芬 수필집 |

노을정원

- 책머리에
- 차 례

1. 전원교향곡

2. 촛불을 밝히며

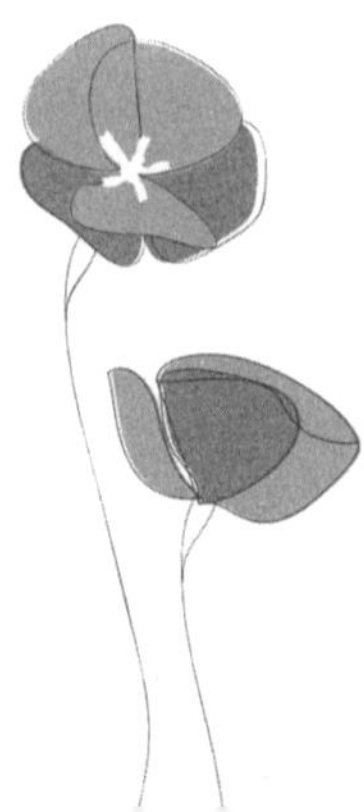

3. 어느 긴 하루

4. 차가운 머리와 따뜻한 가슴으로

5. 푸른 별을 생각하며

1/

전원교향곡

전원교향곡

어둑한 새벽을 달려간다. 반포대교를 지나고 순식간에 의왕터널을 지난다. 드디어 백운호수에 이른다. 내 중년의 삶을 더없이 넉넉하게 갈무리해준 마음의 고향이다. 흰 구름이 잠겨있다는 호수에는 아직 물안개도 걷히지 않았다. 학현 고갯길을 넘어가며 두근거리던 가슴을 지금도 나는 잊을 수가 없다. 날마다 지친 몸으로 잠들어도 매실나무 아래 가득히 돋아나는 개풀이며 망초를 뽑아낼 생각에 일찍 잠이 깼다. 잔디밭을 점령하며 늘어나는 클로버는 내게 행복이나 행운의 의미가 아니라 뿌리째 뽑아내야 할 잡초였다. 오로지 그 일만이 나의 신성한 하루로 여겨져 날마다 서둘러 일터로 달려가던 그때가 그립다.

낡은 정원의 문을 여는데 박새가 찍찍거리며 대꾸를 한다. 어서 오라는 아침 인사인가. 그새 어디선가 들고양이 야옹이가 나타나 매실나무 아래 놓아둔 빈 모이 그릇을 핥는다. 참새도 짹짹이며 영산홍 꽃가지 틈에서 푸덕거린다. 조용한 시골의 아침을 깨우는 것이 미안하다. 부지런하게 산다고 새벽길을 달려와서 하는 짓이란 아름다운 자연을 흔드는 밉상이 아닌가. 그래, 배고픈 야옹이에게 우선 먹이를 주고 나도 커피라도 한 잔 마시며 아침을 찬미하자. 목련나무 사이로 난 오솔길을 걷다가 벚나무 아래 나무 벤치에 잠시 앉는다. 어젯밤 숲의 정령들이 나눈 이야기들이 남아있을지도 몰라 귀를 기울여 본다. 아, 드디어 까치도 전원교향곡 연주를 위해 튜닝을 시작하려나 보다. 빛나는 연미복을 입고 아침을 지휘한다.

햇살이 퍼지기 전에 아침이슬에 아직 흙이 축축할 때 호미질이 쉽다. 어제 말끔히 뽑았는데 쇠뜨기는 내가 돌아서기가 무섭게 돋아나며 중얼거리나 보다.

"저기 가는 수건 두른 아줌마는 누구유?"

그러면서 한 자는 넘게 솟아올랐나 보다.

그래, 오늘도 아줌마는 호미로 애꿎은 흙을 파헤치며 보물찾기를 한다. 흙 속에 묻어둔 나의 보물들이 너무도 많다. 끝없이 돋아나는 개풀이며 망초는 나의 근심을 덜어준다. 한없이 골라내도 박혀있는 돌멩이들은 나의 걱정들을 잊게 해준다. 그뿐이랴, 이곳 작은 정원을 찾는 이들에게 안겨줄 평화와 행복이 더 크지 않은가. 나의 몸을 땀 흘리게 하여도 영혼과 정신을 더없이 맑게 해주던 원예치료정원의 하루하루가 오늘도 마냥 그립다.

새처럼 나비처럼

손바닥 정원이라고 이름을 지었다. 그곳은 내 치유의 시간이 머무는 공간, 베란다에 꾸며 놓은 작은 유리 온실이다. 집안과 바깥 사이의 완충지대, 몸과 마음의 쉼이 이루어지는 소중한 곳이다. 초록빛 잎들을 보듬는 온전히 나를 위한 더없이 행복한 시간이기도 하다. 목마른 아이들에게 물을 축여주고 갈변한 잎을 다듬어 낸다. 깨끗하게 세수하고 곱게 머리 빗은 아이들처럼 맑은 모습을 바라본다. 내 마음도 그렇게 맑아지는 듯 들숨 날숨으로 그들과 교감한다.

꽃들이 살기에도 옹색한 작은 면적에 얼마 전 간이용 정원 의자까지 들여놓고는 욕심이라고 자신을 나무랐다. 그런데 초록빛 식물 틈에 놓인 미니 테이블과 아주 그럴듯하게 어울린다. 자리가 사람을 만들 듯 사물 또한 그 자리가 있는가 보다. 거실에 안락의자도 비워 두고 굳이 푸나무 속에 웅그리고 앉은 내 모습이 우스꽝스러울지도 모르겠다. 하지만 나는 그 안에서 평화를 찾는다. 마음이 답답하거나 정신이 산란해질 때 나는 그곳에서 더없이 깊은 치유의 시간을 누리곤 한다. 생명의 신비와 경이로움에 매료되어 날마다 녹색의 그림으로 들어간다. 꽃 진 자리마다 새 잎을 매다는 모습이 새처럼 보여서 조란이라고 하던가. 나비처럼 나는 듯해서 나비란이라고도 부르는 이 식물을 나는 사랑한다. 한쪽의 밋밋한 벽을 장식할 요량으로 화분 걸이를 만들어 늘어뜨리니 주련(柱聯)이 따로 없다. 고택의 기둥을 장식하는 풍류를 떠올리며 '가게 기둥의 입춘 주련'이라는 속담처럼 염치없는 상상의 날개를 편다. 옛 시인의 오언절구(五言絶句)라도 묻어날 듯 층층이 휘늘어지는 잎들을 바라보며 혼자서 즐거우니 바로 나의 모자라는 구석이 아닌가.

친구들이 먼 나라 여행을 즐기고 골프도 하며 딴 세상 사람들처럼 살 때도 나는 시골에서 호미만 붙잡고 살았다. 씨 뿌리고 가꾸며 꽃나무들이 커 가는 모습을 보며 그 안에서 마음의 아픔을 치유하는 원예치료정원을 꾸려 가던 시절이었다. 그때를 자주 회상한다. 사계를 통해 변화하는 나무들의 모습, 인간의 삶과는 다른 그들만의 식물 생리를 살피며 배우고 깨달으며 흙과 더불어 보낸 중년의 세월은 되돌아볼수록 그리워진다. 정원을 찾는 사람들의 밝고 화안해지는 얼굴들과 맑은 웃음들이 날아오르던 푸른 하늘을 잊지 못한다. 지나간 날들은 모두 그렇게 분홍빛으로 물드는 것일까. 내 몸과 마음을 다해 가꾼 정원에서의 시간, 그 하루하루가 가끔 파도처럼 밀려온다. 꽃이 피어나고 새잎이 돋아나는 자연의 섭리 속에 나를 길들이며 살았던 날들이 보석처럼 빛나 보인다. 봄은 산 아래서부터 피어 올라가고 가을은 꼭대기부터 물들어 내려오던 변함없는 대자연의 진리 그 장엄함 속에 나는 얼마나 보잘것없는 미물이었던가. 물소리 바람 소리에 젖어 보낸 시간이 얼마나 큰 은혜로움이었는지….

그 아름다운 곳의 문을 닫던 날을 사람들은 더 나은 세상으로의 발전을 위한 변화라 했다. 아름다운 치유의 공간으로 머물기보다는 도시개발이라는 미명하에 더 많은 사람의 주거를 위한 탈바꿈에 동의해야만 했다. 이제는 조용한 시골이 아닌 역동적인 새로운 도시의 탄생을 기원하며 내 젊음도 꿈도 묻어 버리고 그곳을 떠났다. 꽃 대궐을 이루어주던 벚나무들, 목련꽃 그늘의 산책로, 영산홍이 줄지어 맞아주던 꽃길, 에메랄드의 열매들을 바구니에 담으며 환호하던 방문객들의 즐겁던 날들을 어찌 잊으리. 엄동설한을 이겨내는 맥문동의 질긴 인내와 결기를 보며 식물생리를 배우고 끝없이 이어가는 생명의 존귀함을 깨닫기까지 함께 흙덩어리가 되어 살던 그 시절은 나를 나이게 해준 은총이었다. 굵은 둥치의 큰 나무들부터 땅속줄기까지 함부로 죽이거나 버리지 않고 두루 나눈 보람도 그곳에서 이루어졌으니 어찌 감사하지 않을까. 종자(種子)를 퍼뜨리고 휘묻이하고 뿌리를 나누며 이어 간 생명에 대한 외경으로 이어진 나날들이 고맙다. 아름다운 세상 한구석이라도 보듬으며 살아가는 이유를 찾음은 하늘이 내게 준 크나큰 선물이 아닌가.

그런 꿈들을 잊지 못하여 만든 또 하나의 작은 정원이, 오늘도 내가 가꾸는 베란다의 손바닥 정원이다. 여전히 태평농법의 소박한 공간이다. 기화요초가 무슨 소용이랴. 그저 푸르면 좋다. 날마다 자라나는 잎을 매만지며 인사를 한다. 그들은 내게 청량한 산소를 되돌려주니 아름다운 교감이 아닌가. 주련에는 며칠 새 꽃대가 또 늘어지고 별처럼 하얗게 피어난 꽃 진 자리마다 새잎이 돋아난다. 살려고 애를 쓰며 기근(氣根)을 내미는 모습에 나는 덩달아 바빠진다. 빈 유리병에도 낡은 그릇에도 물을 담고 새 촉을 넣어 뿌리를 내린다. 물속의 흰 뿌리가 굵어지고 새싹이 나날이 커지는 모습을 보며 생각한다. 왕유의 오언절구에서 한 자씩 떼어 내어 오행시를 지어 볼까. 상상의 날개를 펴는 시간은 행복하다. 새처럼 나비처럼 꿈을 꾼다.

아이리스 가든

우리가 자주 찾아가는 숲에도 봄이 왔다. 집에서 그리 멀지 않은 곳이어서 좋고, 옛 효창원 자리이니 노송이며 활엽수들이 무성해서 숲은 늘 푸르고 깊어서 더욱 좋다. 더구나 산책하는 중에 들르는 작은 연못가의 쉼터는 볼수록 유정하다.

처음 그곳을 찾았을 때 생태환경공원이라는 팻말에 쓰인 수생식물의 이름들이 무척 다감하게 다가왔다. 부들이며 어리연꽃, 개구리밥, 애기마름 등이 자라는 웅덩이들이 군데군데 있고 습지 주변에는 붓꽃이 무성하게 자란다. 주로 그 근방을 거닐며 철 따라 변하는 꽃이며 나무의 모습들을 감상하면서 이런저런 생각에 잠기곤 한다. 나무 테이블도 몇 개 있어 간식이나 차를 즐기며 가벼운 책자도 넘길 수 있으니 어느새 그곳은 우리 노부부의 비밀의 화원이 되어 '아이리스 가든'이라는 우리들만의 이름까지 지어 두었다.

웅덩이 사이로는 실개천이 있다. 지대가 꽤 높은 곳인데도 여러 개의 웅덩이엔 늘 물이 조금은 고여 있었다. 궁금해서 어느 하루 실개천을 따라 거슬러 올라갔다. 분홍색 병꽃이며 샛노란 애기똥풀이 흐드러지게 피어있고 산딸기꽃이 무리 지어 별처럼 피어나는 언덕 위에 작은 우물이 있었다. 가뭄에도 끊이지 않고 솟아난다는 이 샘물은 아기능이 있던 자리에서 발원하여 흘러내려서 능 개천이라고도 한다. 조선왕조 22대 임금인 정조대왕의 맏아들 문효세자의 무덤이 있던 곳이라는데 정확한 자리는 알 수가 없다. 홍역으로 다섯 살에 떠난 아들을 따라 어머니인 의빈 성씨도 두 달 만에 이승을 떠났다. 애틋함으로 아들과 마주하는 묫자리에서 200년이 넘도록 그리움을 쌓았던 효창원이었다. 조선이 몰락한 후 일제강점기에 이 한 많은 왕가의 묘역은 파묘되어 고양의 서삼릉으로 옮겨지고 이곳은 군대의 병참기지로 쓰였다 한다. 어린이날 소풍 나온 오늘날의 아기들은 알까, 이 아픈 효창원의 역사를.

오월, 입하가 지나니 아이리스 가든이 더욱 푸르러 보인다. 노란 꽃봉오리를 달고 붓꽃 대궁이 금세라도 올라올 듯 줄기가 도톰하다. 문득 황금빛 용포를 입은 동궁마마가 작은 연못에서 솟아날 듯하여 잠시 눈을 감는다.

"조선의 르네상스를 열고자 했던 정조대왕이시여! 문효세자의 넋을 달래주소서. 금빛 꿈과 소망으로 세세만년 이 생명의 숲을 지키도록 빛을 내리소서!"

‘옷’일까 ‘자리’일까?

도서관 자료실 슬라이딩 도어가 열린다. 프런트 직원들의 긴장한 눈길이 내게 집중된다. 왜 아니랴. 책가방을 멘 학생도 아니고 아무리 보아도 열람실을 찾아온 차림새가 아니지 않은가. 작은 수레를 밀고 들어가는 나는 늘 그렇듯이 수수한 차림의 꽃집 할머니였다. 의심 섞인 그들의 눈동자는 점점 더욱더 커졌을 것이다. 그래도 세상 질서는 아는 듯 하얀 마스크를 꼭 눌러쓴 반백의 노인이 굼뜬 동작으로 큐알코드를 찍으려 할 때다. 풀꽃 나무 수레를 세워 놓고 스마트폰을 꺼내든 순간 긴 머리의 나이 어린 직원이 급히 다가온다. 아마도 내게서 ‘장애’를 읽었나 보다. 기계치인 나는 이럴 때 늘 당황한다. 좀 기다려주면 천천히 할 수도 있겠건만 굳이 수기로 적으시라고 출입 증명서를 내민다. 도움을 청하며 말을 섞으면 아무래도 조용한 도서관 분위기를 깨뜨릴 것 같아 순응한다. 적어도 문맹자는 아니라는 것을 증명하며 어렵사리 관문을 통과했다.

스스럼없이 내 집처럼 꽃수레를 밀고 들어간다. 연전에 새로 준공된 지상 6층 지하 2층의 마포중앙도서관이다. 코로나 팬데믹 때문에 자주 이용하지 못하는 훌륭한 시설들에 안타까움이 크다. 스케일이 큰 공간 구성, 3층과 4층이 실내 계단으로 통하는 개방형 자료실은 말 그대로 럭셔리하다. 서가마다 가득한 책들이 다가오며 오랜만이라고 반겨주는 듯하다. 자동 도서 반납 코너를 지나고 첫 번 방 장애우를 위한 열람실을 지나려는 순간이다.

"잠깐만요. 잠깐 기다려 보세요!"

황급한 외침이 나를 불러 세운다. 또 무엇이 잘못인가 뒤돌아보니 그중에 팀장처럼 보이는 직원까지 따라오며 더 이상의 진입을 막는다. 2차 관문인가 보다.

"마포문인협회 자료실 코너에 화분 좀 갈아주러 왔다고 말씀드렸는데요."

뭔가 꾸중을 들은 듯 옆에 서 있는 긴 머리의 소녀는 두 뺨이 빨갛다. 덩달아 내가 민망해진다. 이상한 할머니의 출현으로 인한 보고 절차가 미흡했나 보다. 아니면 여기 화분에 폭탄이라도 숨겼을까 의심을 하나? 불현듯 스릴러 영화의 한 장면을 떠올리며 그 상황에도 웃음이 나다가 한편 그럴 수도 있겠다 싶었다. 이 많은 장서, 인류의 정신적인 보물들을 지키며 관리하는 직원들의 자세가 다시 보였다.

헐레벌떡 뛰어나갔던 직원 하나가 돌아왔다. 그리고 이어서 얼굴이 하얗게 질려서 달려 들어오는 도서관장실 소속 사무실 남자 직원을 보니 어안이 벙벙해진다.

"과장님, 저예요. 얼마 전에 신간 도서 기증하려고 왔더니 문협 코너에 놓인 화분들 상태가 좋지 않아서 교환해 드리려고요."

"아, 회장님이셨군요. 죄송합니다. 직원들이 몰라봬서…."

자료실 직원들과 번거로운 인사 소개가 끝나고 기다리시게 한 데 대한 사과를 받는 등 십여 분을 지체하며 된벌을 받고 나서야 꽃수레와 나는 통과되었다. 조용히 화분 몇 개만 교체해주고 오려 했던 내 가벼운 계획이 어긋났다. 직원들이 줄줄이 따라와서 갑작스레 친절하게 대하니 무척 피곤하다. 화분이 놓여서 어울릴 자리도 찾아주며 혼자서 천천히 공간 구성을 해야 하는데 참으로 유감이다. 결국 키 큰 과장님의 도움까지 받아 가며 수레에 싣고 온 화분들을 바꾸어 놓고는 서둘러 자료실을 나왔다. 엘리베이터를 탈 때까지 배웅하는 과장님과 주차 확인까지 배려해 드리라는 팀장보다도 뒤에서 허리 굽혀 인사하는 긴 머리 소녀에게 내 고맙고도 미안한 시선이 오래도록 머물렀다.

승강기의 유리 벽을 통해 멀리 그 옛날 마포나루가 보이는 듯하다. 조선 시대 팔도의 산물이 모여들던 한강 변이 정말 상전벽해로 변했다고 사람들은 말한다. 어느새 저층에 도착 신호 소리에 옛날이 사라진다. 영유아를 위한 환상적인 분위기의 키즈 카페는 먼 이국의 동화마을 같다. 천국 같은 어린이도서관에는 자라나는 꿈나무들의 미래가 가득히 담겨있다. 그러나 어디에고 아이들이 없는 코로나 팬데믹 상황의 텅 빈 유리문 안의 안타까운 풍경을 지나 주차장으로 나왔다.

중앙도서관이 개관할 때 자료실의 한 코너를 마포문인협회 회원들이 발간하는 간행물을 기증하여 전시하고 신간인 경우 대출도 가능하도록 협약을 맺었다. 지역의 원로 문인들의 육필원고나 기념되어 보존할 만한 가치 있는 기록물들을 수집하여 보관하고 전시하게 되었다. 세월이 흐르면 이 지역의 정체성을 알려주는 향토문학의 근간이 될 뿐 아니라 이즈음 화두가 되는 지역학 연구와 아카이브 구축사업에 한 축을 이룰 수도 있을 것이다. 회원들도 적극 호응하여 소장하고 있던 책을 기증하였고 모든 신간이 발행될 때마다 국립도서관에 납본하듯이 이곳 자료실에 기증하며 보람을 느낀다.

서가 앞에는 독서에 지친 열람자를 위한 휴식공간도 있고 한쪽 벽으로는 실내식물이 장식된 인테리어 선반이 있다. 초록빛 생명의 신비로움을 보며 잠시 피로한 눈을 달래기 위한 배려인데 원예치료사인 나로서는 기쁘게 봉사할 일이어서 기꺼이 정성을 들인다. 반평생을 이곳에 살면서 새우젓 동네의 역사와 문화를 누구보다 사랑하는 내 사랑 마포에 대한 애정을 층층이 담아가니 아름다운 노년이라 할 수 있을까.

> 때때로 몸보다 마음이 우선일 때가 있다. 일상이 공허하고 재미없을 때, 행복감보다 우울감이 덮칠 때, 그 마음을 달래주고 위로해줄 무언가가 필요하다. 그 무언가는 사람마다 다르다. 나의 경우에는 이따금 마음속 깊은 곳에 생명의 숨결을 불어넣어 주는 숲이나 나를 돌아보게 하고 어루만져주는 식물이다.

선반 한가운데 『식물이 삶에 위로가 될 수 있을까』라는 국립세종식물원에 재직하고 있는 원예가이자 작가인 박원순의 글도 액자에 담겨있다. 아마도 그 글이 나의 작은 풀꽃 나무들을 더욱 빛내준다고 생각한다. 자원하여 이따금 작은 화분들을 가져다 놓는 내 마음과도 닿아있는 듯해서 올 때마다 읽어보며 공감한다.

돌아오는 길에 도서관에서 생긴 일을 다시 생각하며 나를 돌아본다. 자료실 직원들을 놀라게 한 이유를 그리고 내가 당황했던 까닭이 무엇이었을까. 독일 속담 중에 옷이 날개라는 뜻의

‘옷이 사람을 만든다(Kleider machen Leute)’라는 말에 해당할까. 아니면 우리 속담처럼 ‘자리가 사람을 만든다’에 맞는 경우인가 쉽게 가늠이 가지 않는다. 자료실 그늘진 서가에서 지친 화분들이 남향받이 거실의 밝은 햇빛을 받아 초록빛을 회복할 즈음에 다시 방문하기로 했다. 그때도 나는 꽃수레를 끌고 갈 것이다. 이번엔 반듯한 정장 차림으로 과장님과 관장님께 먼저 인사를 드려야 할까 보다. 소원했던 차 한 잔의 격식도 만회하면서….

순정한 풀꽃 사랑에 대한 급한 마음 때문에 깨달은 바가 많다.

살구나무

첫사랑, 발그레한 순이의 얼굴일까. 한두 개 박힌 붉은 점들도 선연하다. 추억은 세월이 갈수록 살굿빛으로 물들어 가나 보다. 초등학교 시절 짝꿍의 얼굴을 몰래 훔쳐보던 그때 그 마음을 들킨 것 같아 괜히 얼굴이 달아오른다. 먼 옛날의 순이를 바라보던 눈빛으로 다시 길 건너 살구나무를 응시한다. 가지가 휘어지도록 매달린 열매들이 꽃등처럼 화안하다.

매화 피고 벚꽃이 흐드러져도 살구꽃만 하랴. 삼동을 이겨낸 매향의 절개에 고개를 숙이고 꽃잎이 눈처럼 휘날리는 벚나무 아래서는 잠시 희색이 만면하나 그래도 어린 시절의 살구나무꽃에 비할까. 앵두꽃은 그냥 조무래기들의 해맑은 얼굴이어서, 무릉도원의 복숭아꽃이야 넘볼 수 없는 경지이니 차라리 외면했다. 늘그막에 마지막 둥지로 삼은 아파트 앞 대로변으로 나란히 심어진 가로수가 유실수여서 참으로 행복했다. 봄이면 두고 온 고향마을을 찾아가듯이 그리움으로 서성인다. 꽃을 바라보는 사람들의 눈매도 잠시나마 한결 고와지고 입가에 번지는 웃음들이 곧 다정한 이야기라도 건넬 것 같다. 열흘 붉은 꽃 없다더니 잎진자리마다 빛나는 보석이 달렸다. 녹두알 만하던 것이 어느새 그리 굵어졌을까. 노심초사 긴 봄날이 지나가고 초여름 따가운 햇살에 꽃보다 고운 살구가 단내를 풍기며 익어간다. 드디어 나뭇가지마다 노란 꼬마전구들이 빛나기 시작한다.

길을 건너면 바로 마트가 있어 풀방구리에 쥐 드나들 듯 찬거리며 야채 과일 등을 조금씩 물고 온다. 늙은 몸에 무슨 먹이가 그렇게 많이 필요할까마는 그냥 심심해서라도 한 바퀴 돌아보는 나의 일과를 영감님은 그렇게 표현한다. 노후의 하릴없음을 탓하다가도 그 건널목을 오며 가며 살구나무와 정들인 세월이 어느새 십여 년이니 세월이 참 빠르다. 나무가 울창하게 자라서 지난해엔 가지치기를 대대적으로 했다. 우연히 그 시간에 그곳을 지나게 되었다. 가지가 잘려 나갈 때마다 후드득 떨어지는 살구 열매들을 보며 너무도 아까웠다. 견물생심이라던가. 물어보지도 않고 농익은 살구 한 알을 집어 한 입 베어 무니 새콤달콤한 맛에 저절로 미소가 지어졌다. 작업을 하던 녹지과 직원이 그런 나를 보더니 외마디를 지르며 달려와서 독한 농약 살포를 많이 해서 먹으면 안 된다는 주의사항을 늘어놓았다. 요즈음 농약 안 치고 수확할 수 있는 작물이 무엇이냐는 솔직한 반론 사이에 길 가던 사람들까지 모여들어 내 편을 들어주었다. 수북하게 떨어져서 쌓여가는 살구 앞에서 결국 아주머니들이 환호성을 질렀다. 모두 장바구니에서 여분의 비닐봉지까지 꺼내서 지나가는 행인들에게도 흐뭇한 나눔을 하며 헤어졌다.

집으로 돌아와서 살구를 양푼에 쏟아붓고 식초를 넣고 깨끗하게 씻어서 또 몇 번을 헹구었다. 잔류농약 이야기까지 몇 번을 강조하며 설명하던 녹지과 직원의 당부를 염두에 두며 그래도 감사한 마음으로 일을 시작했다. 과일나무를 가로수로 심기 전의 조경 설계부터 잘못되었으니, 수종을 바꾸기엔 너무 멀리 왔다. 이제 어찌할 것인가. 늦게라도 국민 건강을 생각하는 행정 당국의 지침도 틀렸다고 할 수 없지 않은가.

어느새 온 집안에 새콤달콤한 향기가 가득해진다. 살구는 다른 과일보다 유난히 펙틴이라는 섬유 성분이 많아서 잼을 만들기에 안성맞춤이다. 젤라틴이나 굳이 다른 첨가물 없이 설탕만 넣고 끓여도 잘 엉긴다. 유난히 새콤한 구연산 함유량이 많아 살균해독 작용은 물론 방부제 역할까지 탁월하다. 여러 가지 과일잼이다 독특한 맛과 향이 있어서 종류별로 만들어 두고 먹지만 그날 살구잼을 만들던 날은 참으로 행복했다. 온 아파트 복도까지 과일 향기가 가득할 무렵 살구잼 졸이기를 끝냈다. 뜨거운 잼이 식기 전에 병병이 담아 작은 견출지에 제조 날짜와 제조인 이름을 적은 라벨을 붙일 때의 뿌듯한 성취감은 오직 만들어 본 사람만 아는 기쁨이다. 그뿐이랴. 한종일 냄새를 풍긴 이웃이며 친지에게 돌리는 즐거움을 더 말해 무엇하리….

그 즐거운 일을 올해는 하지 못했다. 멀거니 건널목을 오가며 눈독만 들이다가 장마가 졌다. 폭우에 떨어지고 발길에 치이고 뭉개지는 금과를 볼 때마다 마음이 아팠다. 지난해 우연히 풍성한 살구 수확을 맛본 동네 아줌마들 몇이 궁금해했다. 결국 구청 녹지과에 질의할 분은 원예학 전공자라는 부추김으로 어리석게도 다시 앞에 서게 되었다. 여러 단계를 거쳐 지난해의 이야기와 함께 올해도 그런 기쁨을 기다리는 주민들의 청원을 정중히 전달했다. 그러나 예상했던 대로 가로수로 적합하지 않은 유실수를 택한 것은 잘못되었다는 사실의 인정과 함께 맹독성 농약 살포와 잔류농약으로 인한 건강 이상을 책임질 수 없다는 거부의 회신이 돌아왔다. 나는 아직도 서양에서 오래 길들여진 아침 식사에 빵과 요구르트와 함께 지난해 만든 살구잼을 먹어도 이상이 없고 당시에 선물을 돌린 지인들에게도 아무런 문제가 없다. 그러나 더 무슨 욕심을 내랴. 유실수도 관상수 이상의 의미를 두지 말라니 꽃이든 열매든 그림처럼 바라만 보면 되는 것을.

꽃이 피고 벌 나비 날아들어 열매 맺힘은 자연의 이치이니 그 수확의 기쁨을 나눔은 소중한 일이다. 어쩌면 그것은 하늘이 우리 인류에게 주시는 먹거리에 대한 예의일 것이다. 귀한 아기를 잉태하여 입덧하는 며느리에게 딸에게 농약 걱정 없이 새콤한 살구 몇 개 따다 줄 수 있으면 좋겠다. 푸른 별 아름다운 지구에 살면서 공해 없는 기후와 토양, 자연환경을 지켜오지 못한 우리 모두의 잘못이 크다. 식물과 인간이 더불어 살아갈 수 있는 진정 아름답고 건강한 지구환경을 위하여 우리는 무엇을 어떻게 해야 할까. 좀 더 멀리 보고 더욱 튼튼한 밑그림을 그려야겠다. 지난해 엄청난 가지치기로 놀랐는지 해거리하는 나무가 올해는 유난히도 잎이 무성하다.

첫사랑 순이의 얼굴처럼 해맑은 살구가 아마도 명년에는 무척 많이 열릴 것이다. 우리 영감님은 꽃피는 봄날에 벌써 그 아래를 서성이며 짝꿍이었던 소녀를 그리고 있지 않을까? 주름진 얼굴에는 미소가 가득할 것이다.

난지천에 봄이 오면

봄비 단비가 내린다. 목마른 대지가 젖어 든다. 메마른 가지마다 새싹이 트고 좁쌀만 하던 꽃봉오리도 어느새 수수 알갱이만큼 벙글 것이다. 우수가 지나면 얼었던 땅이 녹아 질퍽거리며 해동을 하건마는 올봄은 너무 가물었다. 눈도 거의 내리지 않은 겨울 가뭄에 황사까지 날아온다. 물이 올라 통통해졌을 나뭇가지들이 마른 삭정이처럼 부러질 듯하고 길섶에 개풀이나 쇠뜨기도 말라붙어 노랗더니 이제 활기를 찾을까. 비도 바람도 자연의 그 아무것도 마음대로 할 수 없는 우리 나약한 인간은 대체 무엇을 할 수 있는가. 풀 한 포기 나무 한 그루를 다스릴 수 없다. 기우제 지내는 인디언처럼 비가 내릴 때까지 하늘을 향해 지성으로 빌었던 마음을 받아주셨을까. 드디어 비를 주시니 하늘에 감사할 뿐이다.

경의선 숲길에 옮겨 심은 매실나무들이 궁금하여 다니러 온

길이다. 시골의 농원을 정리하면서 아끼고 사랑하던 나무들을 숲길 한쪽에 기증하고 나서 이제는 잊어도 되련만 그래도 마음을 비우지 못하여 종종 와 보곤 한다. 옛날처럼 내가 힘들여 풀을 매거나 가지치기를 해주지 않아도 어느새 말끔히 단장되어 있다. 구청 녹지과의 소관이니 꽃구경만 하면 될 텐데 미련일까 욕심일까. 이제는 살림 내보낸 자식들처럼 내 마음대로 할 수 없는 것이려니 잊어버리자 하다가도 어느덧 발길이 향하니 누가 말릴 수 있을까. 더러 웃자란 가지가 보이면 잘라주고도 싶고 지난해 열린 매실이 겨우내 매달려 있는 모습을 보니 아깝고 서운하다. 매화꽃도 좋지만, 열매가 맺히면 잘 거두어서 술을 담그던 청을 만들건 귀하게 쓰일 수도 있을 텐데… 애써 한 해 농사를 지은 나무에 대한 예의가 아닐까 싶다. 과육이 많은 매실보다 씨만 굵은 우리 농원의 토종 매실주는 향기가 꽃 같아서 모두들 입맛을 다시던 추억에 젖는다. 열매 몇 톨의 귀함을 아무렇지도 않게 생각하는 풍요로운 이 시대를 하릴없이 안타까워할 뿐이다. 하지 무렵에는 녹지과에 채근해 보리라 생각하며 난지천으로 걸음을 옮긴다.

수양버들 늘어지고 갯버들도 뽀얗게 솜털이 오르련만 오랜 가뭄은 난지천도 마르게 했나 보다. 난초(蘭草) 지초(芝草) 피어나던 아름다운 섬 난지도(蘭芝島)는 망원정(望遠亭) 부근에서 갈라진 샛강이 행주산성 쪽에서 다시 한강의 본류와 합쳐지며 생긴 하중도(河中島)였다. 조선 시대에는 꽃과 풀이 많아서 중초도(中草島)라 했고 오리가 물에 떠 있는 모습이이어서 오리섬(鴨島), 압도라고도 했다. 해마다 겪는 홍수로 범람하는 한강 하류의 범람원(汎濫原)이었던 난지도는 모래내와 홍제천에서 흘러내려 온 고운 모래가 덮여서 하얗게 반짝이며 펼쳐진 비단 폭 같았다고 한다. 겸재 정선은 이 일대 마포 강변과 양화진의 아름다운 모습을 즐겨 그렸는데 「금성평사錦城平沙」라는 그림에 바로 난지도의 비단 같은 모래사장의 풍경이 담겨 있다고 한다. 지금은 육지와 연결되어 섬이라고 할 수도 없이 상전벽해로 발전한 마포 삼개나루터의 변천된 모습이다. 쓰레기 매립지였던 난지도가 생태환경공원으로 탈바꿈한 옆으로는 고층 아파트와 빛나는 빌딩들이 즐비한 부촌이 되었으니 세월 따라 변하는 것이 강산이 아니던가.

난지도가 생태환경공원으로 탈바꿈하여 오늘날의 모습을 이루기까지는 정말 많은 사람의 노고가 컸고 2002년 월드컵 대회를 앞두고 방대한 공원을 설계한 행정 당국의 기획력은 대단했다. 소위 난지총(蘭芝塚)이라 일컫는 저 두 개의 쓰레기 동산에 하늘공원과 노을공원의 역사가 묻히고 쌓여 있는 듯하다. 서울 시민들이 날마다 버리는 생활쓰레기를 이곳 난지도에 매립장을 삼아 버리기 시작하여 두 봉우리의 높이는 95m에 달했다. 그 위에 흙을 덮고 다져서 생물이 자랄 수 있는 환경을 조성하여 인공의 산봉우리 두 개를 만들었던 우리에게 자연은 위대한 선물을 돌려주었다. 악취가 난다고 아우성치던 인근 주민들의 원성이 사라지고 이제는 아름다운 녹지공원에서의 즐거운 산책과 힐링을 누리는 탄성으로 바뀌었다. 난지도의 이 아름다운 변신에 어느 누가 찬사를 아낄 수 있을까. 월드컵공원을 시작으로 평화의 공원, 하늘공원, 노을공원, 난지천공원, 난지 한강공원 등의 방대한 규모의 생태환경공원으로 탈바꿈되었으니 해마다 홍수가 범람하는 모래섬에서 비롯된 놀라운 기적에 올 때마다 감동이 크다.

오늘 내일 일기예보처럼 한종일 비가 내리면 봄은 성큼 다가올 것이다. 이름처럼 아름다운 섬, 그러나 이제는 섬이 아닌 섬 난지도에 난초 지초 피어나듯 나의 고향 마포 사랑이 해마다 커가는 곳이다. 억새 축제가 열리는 가을의 하늘공원도 좋지만, 노을공원 올라가는 길목에 조용한 실개천을 품고 있는 난지천의 봄을 나는 더욱 좋아한다. 산 벚꽃 화사하게 휘날리면 애기똥풀이며 물봉선화가 냇가 둔덕으로 무리 지어 피어난다. 그뿐인가. 온갖 길짐승 날짐승의 낙원이 열린다. 찔레꽃이 구름처럼 피어나는 오월이면 뻐꾸기도 울고 들꿩이 푸드덕 날기도 한다. 그렇게 난지천에 봄이 오면 마른 나뭇가지에 봄물 오르듯 늙은 이 몸도 풋내 나는 젊음을 물들여 볼 수 있을까. 겨우내 메말랐던 대지는 이제 겨우 목을 축이는데 이 얕은 사람은 어느새 연목구어(緣木求魚)로 숨이 가쁘다.

'주신 김에 한 이틀 더 단비를 내려주소서' 비손을 하면서….

남새밭의 비타민

겨울이 오면 주방 싱크대 옆으로 작은 남새밭이 만들어진다. 감기를 달고 사는 영감님을 위해 겨우내 총백탕을 끓이다 보니 대파를 자주 사게 된다. 김장도 끝나고 동지가 지나면 좀 한가해져서 심심한 김에 시장에 나가 대파를 두어 단 사 온다. 푸른 잎은 뭉텅 잘라내어 국거리나 양념으로 담아 두고 하얀 총백 부분은 약용으로 총백탕을 만들고 뿌리 부분은 화분에 심는다. 싱크대 옆에 미리 준비해 둔 화분에 통통한 뿌리들을 단단히 심고 물 한 대접 따라 주면 완성이다. 이제는 새싹이 밀고 나오는 연두색 움파를 보며 아침 인사도 나누며 설거지하면서도 눈길을 준다. 물도 조금씩 살펴서 주어야 한다. 뭉텅 잘려서 심어진 파 뿌리도 살아있는 생명이 아닌가. 너무 많지도 적지도 않은 수분을 알맞게 맞추는 것도 결코 쉬운 일은 아니다.

그 옛날 한겨울에 푸른 채소가 어디 있었으랴. 비타민이란 말이 대체 무엇인지도 모르고 살았던 그때가 아니던가. 그러나 우리 선조 어르신들은 삼동의 한가운데서도 이미 봄을 키워낼 줄 알고 있었음에 놀라울 뿐이다. 문명의 발달로 오늘날처럼 사시사철 풍성한 먹거리가 넘쳐나는 세상이란 꿈조차 꿀 수 없었기에 나름의 지혜를 키웠으리. 요즘 세상에는 현대식 마트나 재래시장이나 엄동설한에도 온갖 채소가 가득하다. 한여름에나 맛볼 수 있는 딸기가 매대를 붉게 물들인 옆으로는 캘리포니아 오렌지며 황금빛 열대과일들이 가득히 쌓여 있다.

다만 로컬 푸드의 개념이나 푸드 마일리지를 견주어 보며 좋은 식자재의 조건을 생각하면 상황은 달라진다. 이 눈 내리는 겨울날 향기로운 딸기를 생산해 내기 위해 비싼 기름으로 온실을 여름처럼 덥혀야 하는 재배 농가의 걱정도 만만치 않다. 장바구니에 비타민 가득한 채소와 과일을 옮겨 담던 손이 멈칫거려지는 이율배반 속에서 잠시 고뇌한다. 차라리 나의 소박한 남새밭을 사랑하게 되는 까닭으로 위로를 삼는다. 한겨울 파 뿌리에서 올라오는 움파의 에너지를 어느 영양가 좋은 식재료에 비견할까. 매콤하게 톡 쏘면서도 달큰한 이 맛이야말로 식구들을 위해 정성 들여 키우는 색다른 비타민이다.

파는 사람의 몸을 따뜻하게 하며 여러 가지로 좋은 효능이 있어 웬만한 우리 음식에서 빼놓을 수 없는 향신제이다. 맵고도 아릿한 알리신이라는 성분은 날로 먹기에는 좀 맵지만 조리해서 섭취할 때는 달콤하게 그 맛이 변한다. 우리 몸에서 염증으로 인한 열은 내리게 하고 기침이나 가래를 없애준다는 한방의 이론이기도 하다. 감기나 고뿔에 효험이 특별하여 약용으로도 오랫동안 쓰였으니 바로 총백탕(蔥白湯)이다. 총백은 파의 뿌리와 줄기 사이의 흰 부분을 일컫는 것으로 생강 대추 계피와 배를 넣고 시간 여를 끓이면 된다. 이때 총백의 알리신 성분은 열에 약하므로 맨 나중에 넣고 반 시간 정도만 달이는 것이 좋다. 한동안 복용하면 독한 양약이나 어설픈 종합비타민보다는 감기 몸살을 거뜬히 이겨낼 수 있는 훌륭한 치료제와 예방약이 된다.

옛날 어르신들이 그 매콤하고 알싸한 맛이 무엇이며 비타민 C라는 성분이 사과보다 다섯 배나 많고 칼슘이 풍부해서 관절 건강에 좋다는 것을 어찌 알 수 있었겠는가. 과학이 발달하여 가능하게 된 가지가지의 실험을 통한 영양소 분석보다 월등하게 명확한 것은 몸소 겪어 얻는 체험과 스스로 닦아 얻은 지혜로 가능했을 것이다.

혈액순환을 원활하게 하여 면역성을 높이고 콜레스테롤의 체내 흡수도 막아주며 노폐물을 배출시켜 비만까지 막아준다니 더 무엇을 바랄까. 시중에 판매되는 수많은 영양제와 치료제며 건강보조식품들이 무색할 지경이다. 무엇보다도 만병의 근원이라는 위장을 따뜻하게 해주는 일등 공신이니 수천 년 동안 광활한 중국은 물론 아시아의 여러 국가와 우리나라에서 즐겨 먹는 까닭이다. 움파 몇 뿌리 기르다가 어느새 대파 예찬론자가 된 듯하여 민망하다. 엊그제 심은 내 작은 남새밭에는 벌써 한 치 두 치 비타민 움파가 밀고 올라온다.

며칠 후 한 뼘 넘게 자라면 통통한 줄기로 골라서 산적에 넣을 요량이다. 고기도 길쭉하게 썰어 잘근잘근 다져서 양념하여 놓고 알배기 배추 고갱이는 살짝 데쳐서 세 가지 재료를 꼬치에 꼬인다. 도라지에 다시마도 나란히 꼬여서 노릇노릇 녹두전이나 부쳐야겠다. 지난해 담아 둔 향기로운 매실주도 벗해주리.

'움파산적 드시고 기운 내소서'

한 보름 먼저 심어 놓은 또 다른 화분에서도 움파가 넌출 댄다. 두 번째 끊어먹은 뿌리에서는 어느새 파꽃 대궁이 솟아오르며 봄소식을 알려준다. 맑은 간장국 냄비에 무를 송송 채 썰어 넣고 끓이다가 연둣빛 움파를 넣고 계란을 풀어 얹으면 반주 후 속풀이도 안성맞춤으로 좋으리라. 겨울을 나는 춘곤의 나른함도 이겨낼 수 있겠다.

입춘대길(立春大吉) 건양다경(建陽多慶), 현관에다 멋지게 입춘첩이라도 걸어볼까.

한지를 마름하며 거실을 서성이는 할아버지 손끝에 강력한 비타민이 샘솟으려나.

내 친구 호접란 이야기

입주한 지 십 년이 지나니 정원의 나무들이 잘 커서 어우러졌다. 공동주택의 뜰이지만 기분 좋게 산책도 할 만하다. 철 따라 피는 꽃이나 나무들은 모두 내 친구들이다. 가까이 눈을 주는 만큼 애정도 깊어간다. 어쩌면 노후의 마지막 둥지가 아닌가 싶어서 더욱 애착이 가는지도 모르겠다. 오가는 중에 보이는 잡초를 몇 포기 뽑기도 하며 기왕이면 따뜻한 눈길로 주변을 돌아본다. 해마다 봄이 오면 꽃도 나무도 작년보다 더 곱다고 하시던 어머니를 떠올리며 지난 세월을 돌아보기도 한다.

지난봄 벚나무 길에서 새 친구를 만났다.

잘 다듬어진 영산홍 덤불 위에 거무죽죽한 물체가 얹혀 있었다. 가까이 다가서니 호접란 한 촉이 뿌리를 하늘로 두고 있다. 어느 누가 이런 몹쓸 짓을 했을까. 혼자서 중얼거리며 나쁜 사람을 찾아내기라도 하듯이 주변을 둘러본다. 까치발로 서서 간신히 끌어내린 가여운 생명에 마음이 꽂힌다. 두툼한 네 개의 잎은 아직 푸른 기가 돈다. 화사한 꽃이 달렸을 꽃 대궁이 세 개나 잘려 나간 자국이 있다. 꽃만 보고 창밖으로 던져버린 소행이지 싶어 바로 앞 동을 향해 잠시 눈을 흘긴다. 봄단장으로 한껏 멋을 부린 여인이 지나간다. 쓰레기 같은 것을 주물럭거리는 노파를 힐끗거리다가 못 볼 것이라도 되는 양 서둘러 가 버린다. 결국 나는 뿌리가 시들어버린 호접란을 친구로 맞아 집으로 데려왔다. 살릴 수 있을까? 새로운 친구를 통해 작으나마 생명의 존엄성을 배우고 또 무엇을 깨달을 수 있을까.

법정 스님의 저 유명한 수필 『무소유』를 떠올린다. 애지중지 기르던 난 화분을 떠나보내며 집착을 끊고 무소유를 통한 자유로움과 해방에 대하여 이야기하신 글이다. 욕심과 그로 인한 괴로움과 번뇌로 비롯되는 인간사에서 소유욕을 버릴 때 우리는 진정한 마음의 평정과 자유를 얻게 된다는 말씀이다. 지금 나는 그 정반대의 행위로 괴로워한다. 없던 근심을 만들어 키우려는 어리석음이 아닌가. 누군가 아무런 생각도 없이 창밖으로 던져버린 시든 호접란 한 뿌리에 나는 이토록 집착한다. 어느 절간의 불목하니가 되어 고된 단련을 받아야 정신이 바로 설까. 결코 욕심이 아니라면 측은지심일까? 살려야겠다는 마음 하나로 좋은 흙과 화분까지 사다가 정성껏 심어주었다. 봄 햇살 가득한 남향받이 베란다에서도 제일 좋은 자리에 놓아주며 말을 건넸다. 며칠이 될는지 아니면 내년까지 살아서 꽃을 피워줄는지 모르지만, 물도 듬뿍 주었다. '아, 이젠 살았다'는 소리가 들리는 듯해서 둥근 이파리들을 또 한 번 만져준다.

여름 내내 꽃이 피는 백일홍처럼 호접도 석 달은 간다. 남국의 꽃이라 그 모양도 빛깔도 화려해서 축하선물로 안성맞춤이다. 난향천리라는 말처럼 동양난의 고아한 향기를 따를 수는 없어도 양란은 받는 사람의 마음을 환하고 기쁘게 해주는 매력이 있다. 사군자의 품격처럼 도도한 동양란은 씩씩한 아들처럼 대해야 한다지만 금지옥엽의 고명딸같이 위하고 보듬어야 하는 서양란은 그 반대다. 사계절 따듯한 온도와 습도 그리고 햇빛을 맞추어 주기에 전전긍긍한다. 심하게 말하면 서자처럼 추운 베란다 한구석에 놔두고 잊어버려도 된다는 동양란의 생리와는 정반대이다. 어느 이른 봄날 온 집안을 향기롭게 하는 근원지를 찾아다니다가 베란다 한편에서 긴 목을 올리며 미소를 머금은 한란을 발견하고 말을 잃은 적이 있다. 스스로 몸을 단련하여 추위를 이겨내고 꽃대를 올린 장하고 기특한 식물 생리, 춘화처리(春花處理) 앞에서 부끄러웠다. 나는 대체 무엇을 하며 기나긴 겨울잠만 잤는지….

그렇게 동양란과 서양란은 서로 생리가 다르고 생태환경이 다르다. 사람의 얼굴이 다 다르듯이 식물도 그러한 것을 늘 배우고 깨닫는다.

이런저런 일로 선사 받은 양란들이 제법 되어 봄내 화사했던 베란다 정원에는 이젠 푸르름만 가득하다. 두툼한 잎으로 무더운 여름을 지키는 모습이 대견하다. 공기 중에서 흡수한 탄소를 저장했다가 햇빛을 받으며 맑은 산소를 뿜어낸다. 식물과 동물의 공생(共生)을 넘어 자연의 모든 존재가 상생하는 경이로움에 고개 숙어질 뿐이다. 종속 영양 생물인 동물이 살아가는 에너지원, 식물의 광합성을 말하지 않아도 녹색식물이 우리 인간에게 주는 것에 대한 고마움과 함께 새 친구의 모습을 매만지던 어느 날이었다. 깜짝 놀랐다. 때아닌 꽃대가 올라오다니…. 점점 윤기를 찾는 잎만 보아도 기특했고 물만 먹고도 살아난 모습이 참으로 고마웠다. 내년엔 꽃도 피겠다며 날마다 칭찬을 했더니 어느새 꽃으로 화답을 한다. 며칠 사이에 꽃대는 한 뼘이 넘게 솟아오르고 팥알만 한 꽃봉오리가 다섯 송이나 벙글고 있다.

인간의 마음이란 이렇게 얄팍한 것인가. 초록은 동색이거니 무심히 바라보다가 붉은 꽃망울을 보는 마음이 이렇게 설렌다. 영산홍 덤불에 버려진 몸을 구해준 보은일까. 날마다 바라다보며 사랑해준 보답일까. 상기된 마음으로 더욱 가까이 다가서서 잎을 만지는데 맨 아래의 잎 두 개가 맥없이 툭툭 떨어진다. 반쯤은 노랗게 갈변하고 있었다. 이 무더운 여름날에 꽃 대궁 하나를 올리기 위해 두 이파리가 너무 애를 썼나 보다. 두 잎을 버리고 꽃대 하나를 올렸다. 나는 저 작은 호접난 한 촉의 살아가는 법도 깨닫지 못한 어리석은 사람이 아닌가.

춥지?

동지 지난 지 사흘이면 노루 꼬리만큼 해가 길어진다던가. 소한이 내일모레 정말 거실 한가운데까지 햇살이 밀고 들어온다. 낮에는 햇빛만으로도 따듯해서 난방을 하지 않아도 되니 남향집이 참으로 고맙다. 그 대신 남향에 있어야 할 베란다가 서향으로 설계되어 겨울이면 꽃나무들에 대한 걱정이 만만치 않다. 양란 몇 화분 말고는 그냥 제자리에 두고 키우는데 식물은 시원한 것을 좋아하기도 하지만 환경에 적응하라는 내 바람을 들어주는 듯도 하다. 날이 추워지면 불현듯 양하의 수필 「나무」가 생각나면서 견인주의자요, 안분지족의 삶을 견뎌내는 모습이 짠하다. 아직은 누런 잎 하나 없이 괜찮은데, 어쩐지 올겨울은 만만치 않을 듯하다. 옛 어르신 말씀대로 대한이가 소한이네 놀러 왔다가 얼어 죽었다는 이야기를 떠올리며 며칠째 좌불안석이다.

햇살 가득한 낮에는 거실을 열어두어 온기를 베란다로 내보낸다. 해가 지면 부지런히 베란다의 버티컬을 닫아주며 분답을 떤다. 아무래도 춥다. "얘들아 춥지? 그치?" 하면서 냉기로 빳빳해진 잎사귀들을 만져 본다. 올겨울 들어 가장 춥다며 영하의 날씨를 알리는 야단스러운 일기예보에 덩달아 불안하다. 거실 문을 더 자주 여닫으며 신경을 곤두세운다. 잎에 얼음이 잔뜩 들은 것 같다. 이 나무 저 나무 이파리를 매만지며 중얼거린다.

"저기 저 러시아 북쪽 캄차카반도 몹시 추운 곳에 춥지족이라는 사람들이 산단다. 옛날 아주 먼 옛날에 조선을 떠난 우리 민족이 살 곳을 찾아다니다가 만주벌판 시베리아를 지나고 아무르강을 따라서 자꾸만 북쪽으로만 갔대. 그 끄트머리에 둥지를 틀고 정착해서 아직도 그곳에 모여서 산다는 거야. 생김새도 우리와 같고, 말도 우리말과 비슷한 것이 많다지. 서로 만나면 안부의 인사말이 '춥지'라는 거야. 얼마나 추우면 날마다 '춥지'를 입에 달고 살까. 그래서 그들을 춥지족이라고 한대. 한겨울엔 에스키모처럼 동물의 가죽으로 옷을 꿰매어 입고 얼굴만 내민 모습을 생각해 봐. 거기 그 추운 곳을 생각하면 여긴 훨씬 따뜻한 곳이잖아? 우리 서로 힘내서 이 겨울도 이겨내자."

"아이 추워라" 하며 웅크리며 부들부들 떠는 소리가 들리는 듯해서 문을 닫기가 미안하다. 그래도 이사 와서 몇 해 동안 풀꽃 나무들은 잘 견뎌주었다. 작년엔 제주 한란도 튼실한 꽃대를 올려 향기로운 기쁨을 선사해주었다. 동양란은 원래 추위를 겪으며 춘화 과정을 지나야 꽃눈이 생기는 식물 생리를 가진다. 오죽하면 동양란은 서자처럼 내버려 두고 서양란은 고명딸처럼 애지중지 위하라던가. 양란은 찬바람 나자마자 부지런히 거실로 모셨다. 영예의 자리에서 긴 봄날을 찬란하게 꽃피워 줄 테니 상전 받들 듯이 대접을 한다. 그런데 이 가련한 춥지족들은 어찌하나. 올겨울 따라 걱정이 큰 것은 늙어서야 철이 드는 역지사지의 마음인지 동병상련의 측은지심인지 가늠을 못 하겠다. 거실 유리창 쪽으로 그래도 좀 나은 위치에 자리한 뱅골나무는 더욱 마음에 걸린다. 동남아 따듯한 아열대 지방에 자생하는 식물들을 이 추운 데까지 끌고 와서 키우는 욕심이 부끄럽다. 결코 기화요초를 탐하지는 않아도 그저 푸르름이 좋아서 베란다 정원을 꾸미는 즐거움이 한겨울만 되면 난감해진다.

"그래, 너희들 꽤 춥지? 정말 추울 거야."

결국 오늘은 베란다 유리창에 뽁뽁이를 붙였다. 난방에 큰 보탬이 된다고 모두 충고를 해주어도 유리창을 부옇게 가리는 것이 마뜩지 않아 미루고 있었다. 남향받이 거실의 따듯함에 느슨해져서 망설이다 봄을 맞곤 했는데 아이들에게 많이 미안했다.

맑은 유리창으로 들어오던 서녘 햇빛이 좀 아쉽긴 하다. 그래도 오돌토돌한 뽁뽁이 비닐의 단열 효과가 짧은 저녁 햇살보다 크지 않은가. 사뭇 아늑해져서 이제는 마음이 좀 놓인다. 모자라는 햇살은 동쪽의 아침 햇살로 채우리라. 모든 생물에게는 떠오르는 태양의 정기가 더 좋다니 아침마다 커튼을 더 활짝 열어 놓아야겠다. 꽃나무들이 내 마음을 알까. 뒤돌아보니 그렇다고 풀잎 아이들이 늘어지게 기지개를 펴는 것 같다.

2/

촛불을 밝히며

촛불을 밝히며

12월, 한 해의 마지막 달 촛불을 밝힌다. 진보라, 보라, 연보랏빛을 지나 상앗빛 밀랍의 하얀 순수로 이어지는 대림 주간이다. 어둠을 밝히며 그분이 오시는 날을 향한 기다림의 등불이다. 온 세상에 믿음과 소망과 사랑을 펼치며 아기 예수님으로 다시 태어나 우리에게 오시고 있다. 참 평화와 건강과 행복이 가득한 새로운 한 해를 기원하며 드리는 기도 앞에는 지나간 한 해를 돌아보는 반추와 성찰의 뉘우침이 눈물처럼 녹아 내린다.

'고맙습니다. 미안해요. 제 탓이 더 큽니다….'

심지가 타들어 가는 대로 촛농이 녹아내린다.

제 몸을 살라가며 주위를 밝히는 불빛을 바라보며 등잔 밑의 어두움을 모르고 지나온 나날을 돌아본다. 사랑이신 그분을 가까이하게 되고 만나게 되었던 먼 옛날의 지난했던 젊은 날이 아련한 추억으로 되살아난다. 지금은 보랏빛 회상으로 더없이 아름다운 날들이 되었지만 핍진하기만 했던 삶을 되돌아보면 어느덧

아린 가슴이 된다. 고인 눈물 때문인가. 흔들리는 촛불처럼 회오리치는 지난날도 이제는 다 잊었다 했다. 그래도 마음 한구석 어딘가에 불씨가 살아있어 이렇게 마음이 흔들리나 보다. 원망도 미움도 다 놓아버리고 용서와 사랑으로 지난날을 되돌아보아야 하리. 타들어 가는 촛불 아래 회개와 보속으로 보내는 12월, 그래서 이 한 달은 더없이 소중한 나날이다.

외로움이나 고달픔이 깊은 강물처럼 헤쳐 나올 수가 없었다.

"수고하고 짐 진 자들아, 다 내게 오라. 내가 너를 쉬게 하리라."

그런데 왜 그 말씀은 그리 어려웠을까. 즐겁게 어울리며 신앙생활을 하다 보면 좋은 일도 많이 생긴다 했다. 어렵게 고생하며 살지 말고 좀 쉽게 살라고 일러주는 사람들도 있었다. 그러나 적당히 포장하며 살아간다는 일은 도무지 용납되지 않았다. 젊음이 나를 그렇게도 우직하게 만들었을까. 혹시 지금쯤이라면 느슨해진 마음에 쉬이 동화되어 순탄한 삶을 보냈을까. 아니다. 그때나 지금이나 내 안의 꼿꼿한 자존감을 누가 말리겠는가. 어리석음이라고 단언하기에는 그때 그 아프고 단단한 옹이들은 오늘의 나를 지탱해준 신념이었고 가치관이었으며 나를 나이게 해준 정체성이었다. 젊어서 고생은 사서도 한다는 부모님의 말씀을 나는 믿었고 지금 와서 다시 생각해도 그 판단은 옳았다.

로마에 가면 로마인이 되라는 서양 속담처럼 살 수 있었던 것은 그 나라에서 공부를 할 수 있는 학생 신분이라는 특별한 자격 때문이었을 것이다. 그런 우리를 눈여겨보고 지켜준 독일과 독일 친구들이 이맘때면 더더욱 생각난다. 동양에서 온 우리에게 기독교 신앙을 강권하기보다는 몸소 이웃 사랑을 실천하는 진정한 크리스천들을 보고 배우며 깨달은 것은 엄격한 교리 공부보다 더 큰 힘이 있었다. 겨울방학이면 친구들은 부모님이 계시는 곳으로 초대를 해주곤 했다. 크리스마스 케이크와 과자를 굽는 향긋한 냄새가 온 집안에 가득하고 거위요리를 함께 만든다고 분답을 떨며 온 부엌을 어지럽히던 기억이 어제만 같다. 크리스마스 시장에서 사 온 큰 트리를 장식하고 각자가 준비해온 비밀의 선물들을 교환하며 터지는 웃음과 탄성이 아직도 들려오는 듯하다. 그들은 우리에게 최고의 선물, '따뜻한 집'을 안겨주었다.

연전에는 그 오랜 40년 지기 친구 가족이 한국을 방문했다. 서울은 물론 효원의 성곽도시 화성을 시작으로 경주 불국사와 전라도 목포, 신안 앞바다를 거쳐 천리포 수목원까지 남한 일대를 돌아보며 한 달을 머물다 갔다. 아침마다 신선한 바게트나 크로와상을 사다주면 환하게 웃으며 행복해하던 얼굴이 그립다. 우리가 만들어주는 모든 음식을 그리도 맛있게 먹던 친구에게 고마운 것들을 많이 갚았을까. 아직도 많은 것 같다. 건전한 소시민으로 행복한 가정과 아름다운 집을 스스로 꾸미며 살아가는 모습에서 예나 지금이나 똑같은 근검절약의 독일 정신을 다시금 보았다. 스스로는 자린고비처럼 아끼며 살아도 친구와 이웃을 향한 사랑에 주저하지 않던 그들과 젊은 날을 함께했던 경험들은 그대로 배움이 되고 깨달음이 되었다. 어쩌면 우리는 그들보다 더한 독일 정신과 가치관으로 오늘을 살고 있는지도 모른다.

촛불을 밝히며 정화된 몸과 마음은 영혼까지도 충만하게 한다. 주일마다 초를 하나씩 더해서 밝히며 아기 예수님이 오실 그날을 기다린다. 알파와 오메가이신 그분의 장엄한 촛대가 아니어도 저 어둑한 한구석 가난한 사람의 꺼질 듯 깜빡이는 촛불 하나에도 정성을 바칠 수 있다. 진실한 마음으로 바치는 기도는 온 우주가 돕는다지 않는가. 하느님께서는 이 세상 모두의 정성이나 기원을 다 품어주시리라 믿는다.

12월 올해의 가장 큰 기도, 온 인류가 다 함께 바치는 기도는 코로나바이러스로 인한 지구촌의 아픔과 고통의 치유를 위한 간절함이다. 저무는 2020년 한 해를 돌아보며 감사와 회개와 성찰의 보랏빛 촛불을 더욱 환하게 밝힌다. 우리 모두의 건강하고 행복한 새해의 소망을 담아서….

포스트 코로나 시대와 종부

설이 며칠 남지 않았다. 차례상에 떡국이라도 올리려면 나박김치라도 새로 담고 주과포라도 마련하려고 장엘 나섰다. 행정 당국이나 방송에서 이야기하는 '간단히, 간소하게'라는 말은 쉽지만, 막상 차례를 준비하는 종부의 마음은 간단하지가 않다. 제아무리 코비드19가 무서워도 조상을 모시는 의무를 아주 저버릴 수는 없다. 한 가문의 일가친척이 모여서 조상님들께 맑은 술과 음식을 올리며 흠숭하여 절하고 가족 간의 화목과 유대를 이어가는 우리 고유의 전통문화가 아닌가. 한가위 추석도 쓸쓸했는데 해가 바뀌는 설날에도 강력한 거리 두기에 마음이 고되다. 가까운 일가친척끼리도 대면하기조차 어려운 이 시대에 사대봉사 모시는 종가의 걱정은 더더욱 애가 닳는다.

오늘따라 헛헛한 마음을 달랠 길 없어 경주 양동마을 무첨당(無忝堂) 안주인이신 신 선생님께 묵은세배 전하는 마음으로 전화를 올렸다. 우리 집안 또한 천년 양반의 같은 성씨이고 항렬이 높아 내게 할머님이라고 예우를 하지만 회재(晦齋) 이언적(李彦迪) 가문이 어떤 문중인가. 정여창(鄭汝昌), 김굉필(金宏弼), 조광조(趙光祖), 이언적(李彦迪). 이황(李滉)은 조선 시대의 성리학을 집대성한 유학자 동방오현(東方五賢)이시다. 오백 년 전통의 회재 가문을 오늘의 문명사회에서도 굳건하게 지켜서 불천위제사(不遷位祭祀)까지 모시며 전통을 이어가는 젊은 종부(宗婦)님이 늘 우러러 보인다. 농경사회와 달리 산업사회 속에서 급변하는 세시풍속이나 봉제사에 관한 의견이 비슷하여 무너져 가는 전통문화를 안타까워하며 이따금 안부를 주고받는다. 다행히 양동마을은 세계문화유산으로 등재되어 문화재청에서 관리해준다지만 융성하던 옛 시대가 자꾸만 멀어져 간다. 살아있는 문화유산을 관람하러 드나드는 관광객들에게 사회적 거리 두기를 종용하는 안내방송이 드론을 타고 날아다닌다고 한다. 고즈넉한 조선 시대의 선비마을을 고샅길마다 누비니 온고이지신이라 씁쓸히 웃는 종부의 표정이 눈에 어린다. 지난 추석에도 문중 회의에서 제관들의 참석 없이 무축단헌(無祝單獻)으로 주과포만 올리기로 결정되어 섭섭했는데 해가 바뀐 설 명절에도 그러하니 오로지 서로의 건강과 무사안위만 다짐했다.

눈에 보이지도 않는 미물 코로나에 휘둘리기 일 년, 온 지구촌이 만신창이가 되어서야 사람들은 깨달았다. 오로지 유일한 방역의 근본은 사회적 거리 두기임을 늦게나마 터득한 것만으로도 다행이다. 과학이 발달하지 않았던 그 옛날에도 역병이 창궐하거나 가문에 새 생명이 태어났을 때는 인줄을 매달아 거리를 두고 외부로부터의 감염에 대해 예방을 해오지 않았던가. 전대미문의 이 고약한 바이러스의 횡포는 너무도 무섭고 그 충격의 여파가 극심하다. 일상의 삶이 고달파지고 손잡고 마주 보며 소소한 행복을 나누던 때가 언제인가. 하늘의 노여움을 사서 드디어 인류가 멸할 재앙이 다가오는 것인가 성찰도 많이 했다. 환자를 치료하는 의료인들의 헌신적인 봉사는 참으로 눈물겨웠고 예방백신의 발명을 위한 선진국들의 투자와 과학자들의 피나는 노력으로 이제 저만큼 터널의 끝이 보일 듯하다. 우리 국민들 또한 행정당국의 방침을 잘 따르며 K방역이라는 단어가 전 세계에서 칭송되도록 애쓰지 않았는가. 조금만 더 참고 기다리며 서로 힘을 합하며 노력해야 한다.

이 어려운 상황에도 부모와 자식을 대대로 이어주는 봉제사문화는 지켜지기에 눈물겹다. 옛날에 비하면 이즈음 차례 지내기는 소꿉놀이 같다. 집에서 바느질하며 설빔을 만들까. 술을 담글까.

스스로 농사를 짓지 않아도 되고 남새밭에서 푸성귀는커녕 파 한 뿌리도 기를 필요가 없는 편한 세상에 살고 있다. 안반에 떡메를 치며 만들던 인절미는 관광지의 체험 학습장에서나 구경할까. 유명 호텔에서 세트로 고급스럽게 만들어 배달되는 차례상도 있단다. 위패를 들고 다니며 여행지에서도 제사를 지낸다는 신풍속이 생긴 지 오래이지 않는가. 그마저 코로나 시대에는 더더욱 간소화시켜 신문 방송으로 일러준다. 이렇게 간단 간소화를 부르짖다가 어느 날에는 아예 사라질 전통문화가 아닌가 싶다. 어느 날 갑자기 단계별 사회적 거리 두기 방역처럼…. 그래도 나는 오늘도 시어머님이 일러주시던 대로 재래시장 골목길을 더듬으며 어머님의 단골 가게를 찾는다. 사람들은 이런 나를 칭송하기는커녕 시대에 어긋나는 폐습을 고집하는 망구 대하듯 눈치를 준다. 그래도 고맙고 다행인 것은 나와 비슷한 생각을 하는 주부들이 아직도 건재한다는 사실이다. 비싼 물가에 장바구니를 저울질하면서도 조상을 기리고 후손의 앞날을 기원하는 정성의 마음으로 차례상을 마련하려 애쓰는 모습들이 아름답다. 대대로 면면히 내려오는 이 아름다운 세시풍속과 전통문화가 오래도록 이어졌으면 좋겠다.

주과포혜는 제사의 기본이니 식혜를 만들기 위해 엿기름을 불려 놓고 TV를 켠다. 조율이시 순서대로 과일을 만지고 나물거리를 다듬으면서 바보상자 속의 노래와 이야기들로 쓸쓸함을 메꾼다. 일가친척에게는 미리미리 포스트 코로나 시대의 간소한 차례를 선언했으니 나 홀로 상차림을 준비한다. 저녁 느지막하게 엿기름을 빨아 단물을 내고 밤새도록 가라앉혀 맑은 물로 식혜가 고아질 동안 산적이며 갈랍을 진설할 만큼만 만든다. 평생을 해온 일이니 손에 익고 머리에 각인되어 아무렇지도 않은 일이다. 대가족 속에서 사대봉사를 해온 종부로 소꿉놀이 같은 간편 차례상이 송구할 뿐이다. 어서 이 어두운 코로나의 터널이 끝나서 가족들이, 일가친척들이 마음 놓고 두루 모이는 명절을 되찾을 수 있기를 기원한다.

섣달그믐이 마냥 길기만 하다.

21세기 치마바위

“엄마, 나 인천공항 도착.”

반갑기도 놀랍기도 한 문자를 본 다음 스마트폰의 전원을 껐다. G 선생님의 수상소감이 시작된다. 다음은 내 차례, 잠시 눈을 감고 심호흡을 한다. 어떻게 모든 일이 이렇게 겹칠까. 바쁜 우리 모녀, 서로 각자의 일에 충실 하자고 격려하는 교신은 이미 하루 전에 오갔다. 딸은 생각해서 보낸 문자이겠건만 이 상황에 도착한 소식은 어리석은 모성에 가슴을 두근거리게 한다.

‘입국 전에 코비드19 검사를 또 받을 텐데 괜찮겠지. 미국에서 화이자 백신을 두 차례 다 맞았고, 미국을 떠나기 3일 전에도 공항에서도 검사 후 탑승했으니 염려하지 말기. 그런데 무거운 트렁크가 두 개라니 어떻게 찾을 것인지.’ 걱정은 끝이 없었다.

내 차례가 되었다. 친정인 모지에서 받는 문학상이니 감회도 남달라서 정성 들여 한복까지 예를 갖추어 입었다. 몇 번이고 연습한 내용이고 처음으로 서 보는 연단도 아니건만 떨리는 마음은 오로지 인천공항으로만 가고 있었다. 만약을 대비하여 미리 써서 준비해온 글을 읽으면서도 단어의 발음이 틀리지를 않나, 줄도 하나둘 건너뛰는 실수가 느껴졌다. 코로나는 새삼스레 무서운 바이러스다. 딸의 안위가 이렇게도 중대한데 대단한 작가도 아닌 내가 지금 여기서 무엇을 하는가 싶었다. 고마운 후배들이 행사 전후로 이것저것 챙겨주며 도와주어서 간신히 수상식은 끝났다. 식장으로 오는 길에 쏟아지던 폭우까지 박자를 맞추더니 언제 그랬느냐는 듯 활짝 웃는 하늘이 잠시 원망스러웠다. 나를 놀라게 한 문자 소식 이후엔 아무런 연락도 없는 딸을 찾아 인천공항으로 달려갈 수도 없다. 지금 내게는 함흥차사(咸興差使)가 옛말이 아닌 듯하다. 승용차에 가득한 꽃다발이며 꽃바구니가 무슨 소용이랴. 오로지 딸아이의 안부에만 촉각을 세우는 딸 바보가 바로 나였다.

세상에 둘째가라면 서러워할 이기적 낙천주의자라고 구시렁거리며 기다리는 동안 딸은 잘 입국해서 방역 택시를 타고 시내로 온다는 문자를 보내왔다. 목소리라도 들으면 좀 안심이 되련만 역시 한 줄의 메시지뿐이다. 사정이 있을 테니 좀 차분히 기다리라고 핀잔을 주는 남편은 군자이다. 2주간 격리되어 지낼 곳의 주소며 비밀번호는 물을 테니 그냥 놔두라는 이야기가 맞다. 그러나 나는 그렇게 태평하지 못하니 부녀간에 통하는 특별한

DNA가 있나 보다. 아니나 다를까 핸드폰이 울리며 한껏 고조된 음성이 터진다.

“도착했어요, 나 들어가야 하는데 어떻게 해야 할까?”

“아버지가 벌써 문자로 번호랑 이용 방법 보내셨으니 해 봐.”

아날로그인 어미와는 달라서 아버지와는 죽이 척척 잘도 맞는다. 현관이며 방문까지 잘도 열고 들어간다. 몇 년 만에 온 딸을 안아보지도 가까이 다가가지도 못하며 2주일을 떨어져 지내야 했다. 방송이나 소문으로만 듣던 자가격리를 곁에서 체험하며 서로를 위해서도 철저한 방역에 대비했다.

딸은 아주 소중한 하느님의 일을 맡아서 왔다고 했다. 딸이 다니고 있는 미국의 한인교회 신자들이 코비드19가 만연하는 비대면의 긴 시간 동안 신앙심을 북돋우며 코로나를 물리쳐 보자는 운동으로 성경을 필사해서 이제 그 정성들을 책으로 엮는 일이었다. 특별한 장정과 제본으로 엮어질 성경 필사본 제작을 위해 딸은 곧바로 편집 작업에 들어갔다. 구만리 장천을 날아온 사실만 안타까운 늙은 어미와는 다르다. 작은 오피스텔에 격리되어 있어도 스마트폰 하나로 지구촌의 곳곳을 활기차게 조종한다. 2주간을 꼼짝 못 하며 보건당국에 모니터링되는 상황이 몹시 답답하고 힘들 텐데 딸아이는 밤낮이 바뀌어도 끄떡없다. 작은 손전화 하나로 미국에 있는 남편과 두 아들의 생활을 원격 조정한다. 결혼 후 20년 만의 자유로운 나 홀로 여행을 허락해주신 하느님께 감사하다며 미국 교회와 서울의 출판사를 온라인으로 오가며 즐겁고 행복하단다.

입국 사흘 후 다시 코로나검사 지시가 내렸다. 역시 보건당국에서 보내지는 방역 택시를 타고 간다고 했다. 먼발치로나마 보고 싶다고 했더니 모든 것이 모니터링되는데 조금이라도 어긋나는 일은 말자고 질색이다. 딸이 택시를 타러 나올 때 우리가 사는 12층 아파트에서 내다보며 손을 흔들자고 했다. 너무 멀고 높아서 잘 보이지 않는다. 두리번거리다가 떠오른 기발한 아이디어는 몇 개 모아둔 선물용 보자기였다. 택시를 기다리며 서 있는 콩알만 한 딸의 모습이 보인다. 나는 창밖으로 여기라고 외치며 금빛 보자기를 힘껏 휘둘렀다.

전화를 들고 폭소를 터뜨리던 딸이 노모의 지극정성에 갑자기 울컥하나 보다.

"21세기 치마바위네!"

조선왕조 11대 중종의 조강지처였던 단경왕후가 떠올랐나 보다. 연산군을 폐위시키고 반정으로 즉위한 중종의 첫 부인이다. 친정아버지이자 연산군의 처남이었던 신수근은 폐위를 반대했다는 이유로 죽임을 당했고 왕비는 폐서인으로 강등되어 사가에서 평생을 지냈다. 사랑이 깊었던 두 사람이었지만 왕비로 있을 경우의 보복을 두려워한 정치 세력의 희생양이 되었다. 경회루에서 인왕산을 쳐다볼 상감마마를 생각하며 바위에 붉은 치마를 펼쳐 놓고 지아비인 임금이 계시는 궁전을 향해 절을 올리는 마음이 어땠을까. 오늘 내가 보자기를 흔들며 서로를 반가워한 경우와는 다르고 본관도 다르지만, 딸아이의 순발력과 역사를 통한 문학적 상상력에 흐뭇해진다.

시차 적응도 못하며 격리 생활이라는 고된 시간을 잘 보낸 덕분에 성경 필사본도 훌륭히 제작되었다. 가지고 온 큰 트렁크나 옷가지 등은 놓아두고 성경만 귀하게 모시고 갔다. 종이책이 얼마나 무거운가. 표지는 가죽이니 한 손으로는 들기도 어려운 책을 신구약 합해서 네 권을 만들었다. 내게는 한없이 어린 딸이지만 미국의 한인교회 신자들의 고귀한 뜻을 모아 이룩한 금빛으로 빛나는 보물을 그곳의 교회에 봉헌한다고 한다. 높으신 곳에 계시는 그분의 뜻에 감사드릴 뿐이다. 모녀가 오랜만에 기분 좋은 카페에서 느긋하게 브런치 한 번 즐기지 못하고 동동거리다 돌아간 딸이 못내 안쓰럽다. 부디 올곧은 사랑의 마음으로 세상의 한구석을 밝혀가기를 기도한다. 지구촌의 모든 사람이 그리하면 이 무서운 코로나 또한 하루라도 빨리 종식될 날이 오지 않을까. 늙은 어미인 나는 오늘도 오직 한 마음으로 절하며 기도한다, 21세기의 치마바위 같은 정성으로….

거북이의 변(辯)

"어?"

그리고 이어지는 남편의 혼잣말을 들으며 좀 민망했다.

"간 김에 아주 다 밀고 산으로 가시든지…."

내게도 눈에 설어 다시 거울을 본다. 귀가 파인 상고머리가 더할 수 없이 시원하다. 이제 귓바퀴 뒤가 땀에 젖지 않을 것이 반가울 뿐 모양이 문제가 아니다.

'칠십 노인에게 무슨 긴 머리 소녀를? 절까지 안 가도 불목하니 할 일 많네요.'

유난스레 물소리를 내고 그릇을 덜그럭거리며 저녁 준비를 한다.

"어이 그 속환이 할망구 역시 도를 더 닦아야겠구먼."

'나리마님께서 어찌 사바의 고통을 아시겠소. 신겸노복(身兼奴僕)의 이 몸은 삼복더위에도 따뜻한 밥을 짓습니다요.'

지난여름 하필이면 폭염경보가 한창일 때 코로나 예방접종을 하였다. 두문불출하며 답답한 두 노인은 기특하게도 합심하여 독서삼매에 들기로 했다. 늘 벼르고 벼르던 최명희의 10부작 대하소설『혼불』읽기에 도전한다. 다행이다. 코로나가 만연한 이 삼복염천에 지상 최고의 피서법이려니…. 열 권의 책이 택배로 도착했다.

"최명희 작가의 글쓰기 정신을 배우라는 선물이야."

채근담을 늘어놓는 영감님을 피해서 나도 글을 읽는다. 예향 전주를 다녀올 때마다 참새 방앗간 기웃거리듯이 화원동의 최명희문학관을 둘러보곤 했다. 일만 이천 매의 원고지 탑 앞에서 마냥 서 있기를 몇 번인지… 남들은 필사도 한다는데 읽기라도 해야 한다고 다짐을 하면서. 오래전 1, 2부를 읽었던 감동이 아련한데도 새로운 감흥으로 첫 장부터 다시 읽는데 영감님은 어느새 5부를 넘긴다. 하기야 근심 걱정 많은 보살이 염불보다 잿밥에 더 끌리듯 꾸부정한 허리로 살림을 꾸려가며 경을 읽으려니 숨이 차고 땀이 날 수밖에…. 마나님 거북이는 반도 못 갔는데 토끼 할아버지는 벌써 산꼭대기에서 깃발을 흔들며 외친다.

매안 이씨 무너진 종가를 일으키기 위해 안간힘 쓰던 청암부인, 그 서슬퍼런 할머니의 위엄과 권위를 이어가는 손부 효원의 집념이 새겨지는 아름다운 행간에는 우리의 전통문화가 곳곳에 스며있었다. 대를 이어가야 할 종손 강모는 반상의 굴레와 일제의 압박 개명천지 사이의 갈등을 이기지 못하고 도망치듯 남원을 떠난다. 눈보라 찬바람 속 만주 벌판에서 할머니의 죽음을 듣고 흘리는 강모의 뜨거운 눈물까지 읽었다. 꽃심의 전주를 대표하는 최명희 작가, 불치의 병마를 안고서도 꽃처럼 아름다운 소설을 엮다가 혼불로 사라진 여인의 삶이 마냥 서러웠다. 그러나 그분을 기리는 수많은 애독자들은 영원히 이어지리라.

토끼 할아버지는 어느새 문화원 작은 도서관으로 향했다. 백발의 노인들에게 도서관 이용은 보람찬 일상이 되었다. 『혼불』을 끝내면 『토지』로 이어가리라 작정은 했지만 그래도 책 선반 한 줄을 가득 채운 21권의 대하소설 앞에서 망설였다. 샌님처럼 글만 읽을 수도 없는 나의 일상에서 또 다른 스트레스로 쫓기며 살 것이 겁이 났다. 어떻든 시작은 했다. 할아버지는 도서관 출입으로 바쁘다. 늙은 마나님의 공치사를 들으랴. 어차피 이 거북이 할머니는 도저히 따라갈 수도 없다. 토끼 영감님은 시원한 그늘에서 낮잠도 즐기면서 거북아 어서 오라고 손짓을 하지만 나는 능력 밖이다. 그래도 태평천하 느림보 걸음으로나마 머나먼 여정을 따라서 갔다.

조선 말기 1897년에 시작된 반세기 동안의 우리 민족 최근세사와의 동행. 무려 25년간을 집필한 박경리 작가의 대하소설 『토지』를 어찌 단 몇 줄로 그 감동을 표현할 수 있을까. 아름다운 섬진강변 하동 평사리 최 참판 댁만의 이야기만이 아니다. 풍전등화처럼 흔들리는 나라의 운명, 일제 강점기 동안의 아픈 역사를 풀어가는 대서사시는 일본 천황이 항복을 선언하던 1945년 8월 15일에야 막을 내린다. 을사늑약이라는 기막힌 현실 앞에 하늘이 놀라고 땅이 울며 나라 잃은 설움으로 삼천리 금수강산은 어지럽게 휘둘린다. 곧 이어지는 한일합방과 최 참판 댁의 비운의 가족사가 겹쳐지고 호열자까지 온 나라를 덮치니 최씨 가문은 물론 온 마을에 주검이 넘쳐난다.

집안의 기둥이 꺾이고 천애의 고아가 된 어린 소녀 최서희를 상전으로 모시고 평사리를 떠난 길상은 아랫사람의 신분과 도리를 다하여 간도에 정착한다. 일본의 압제를 피하여 또는 오로지 호구지책을 위해서 무작정 고향과 조국을 떠난 유랑의 무리가 넘쳐나는 그곳, 피맺힌 한(恨)의 삶은 뼈저린 추위와 배고픔으로 눈물겨웠다. 간도를 중심으로 중국과 러시아의 정치적 배경 속에 눈 덮인 만주 벌판을 누비고 달린 독립군처럼 모두 언젠가는 해방된 조국으로 돌아올 오직 하나의 꿈으로 살아간다. 서희는 미두와 토지를 사들여 되팔고 때로는 친일까지 마다 않으며 거부가 되었고 신분을 초월한 길상과의 결혼으로 두 아들까지 낳는다. 그러나 그녀의 궁극적인 꿈은 열 손톱이 다 빠져도 고향 마을로 돌아가는 것이라고 외친다. 빼앗긴 들을, 하동의 평사리 가득했던 잃어버린 땅을 찾아서 대대로 내려오는 가문의 영광을 다시 일으키는 야망으로 온몸의 피가 끓는다.

결국 일본은 패망한다. 히로시마에 원자폭탄이 떨어져 구름버섯 같은 불기둥이 솟고 드디어 1945년 8월 15일 천황은 항복을 고한다. 온 나라가 독립 만세를 외친다. 하얀 모시옷을 입은 서희는 평생의 그 고아한 자태를 허물고 땅바닥에 주저앉는다. 기쁨의 그 순간 자신을 휘감았던 쇠사슬이 요란한 소리를 내며 땅에 떨어지는 것을 느끼면서….

생명에 대하여 삶에 대하여 인간의 본성이 무엇인가에 대하여 끊임없이 천착하여 25년을 써 내려간 박경리 작가를 존경한다. 위대한 작가이기에 앞서 한 여인으로서 유방암 수술을 마치고 붕대로 가슴을 동여맨 채로 집필에 여념이 없었던 무서운 작가 정신 앞에 더 무슨 찬사가 필요할까.

이 어리석은 나는 한여름 땀에 전 귓바퀴 뒤 표피의 상처도 견디기 어려웠다. 안경테에 쓸려 짓무르는 것이 무슨 큰 병도 아니련만 귀밑머리를 잘라가며 분답을 떨었다. 그런데도 도수 높은 안경을 고쳐 쓰며 『토지』를 완독한 지난여름이 값지게 여겨지니… 드디어 허리 굽은 보살도 산꼭대기에 태극기를 꽂을 수 있었음에 철없는 어린아이처럼 감동이 크다. 나라를 되찾은 민족의 기쁨으로 책을 덮으며 늙은 가슴도 마냥 뛴다.

총백탕(葱白湯)을 끓이며

겨울이면 늘 주방 한 귀퉁이에 움파를 기른다. 어머니가 하시던 대로 대파를 두어 단 사다가 뿌리 달린 하얀 줄기 아랫부분을 뭉텅 잘라서 화분에 심어 둔다. 한 열흘 되면 도톰한 연둣빛 새움이 나와 쑥쑥 잘도 자란다. 열흘이면 어느새 움파 산적을 만들기에 안성맞춤인 굵기와 길이가 된다. 제사가 세 번이나 있는 섣달에는 참으로 요긴하게 쓰이는 주방 한편의 작은 남새밭, 식구들은 엄마의 겨울 정원이라고 대접을 해준다. 지난겨울에도 그렇게 몇 번을 길러 먹었는데 이번 봄에는 느닷없이 아주 파밭에 주저앉게 되었다.

정말 듣도 보도 못한 무시무시한 역병 탓에 두문불출하는 중에도 마스크 대열에는 서야 하던 어느 날이었다. 느닷없이 불어닥친 꽃샘바람 속에 코로나바이러스라는 미물의 횡포가 벌써 몇 달째인가. 아직은 아무런 특효약도 없다는 이 해괴한 돌림병에

속수무책인 지구촌은 걷잡을 수 없는 신열과 고통으로 허덕인다. 예방이라면 오직 입과 코를 가리개로 막아 바이러스의 침투를 막고 감염이 확산하지 않도록 '사회적 거리'를 두는 것이라 한다. 잠시의 외출 후에는 물론 집에만 있어도 수시로 철저하게 손을 씻으며 개인위생을 지켜야 한다. 전염병의 유행을 막을 수 있는 불가피한 조치임을 알면서도 끝이 보이지 않는 자가 격리 상황에 마냥 우울하고 무기력해진다. 일주일에 한 번, 단 두 장의 마스크를 사기 위한 줄서기 외출은 중대한 과제가 되었다. 기하급수적으로 늘어나는 확진자의 숫자와 전염 속도에 철렁한 가슴을 달래며 불안한 침묵의 대열에 서야만 했다.

갑자기 늘어난 수요를 따르지 못하는 공급은 손바닥만 한 조그만 가리개를 대단한 귀물로 만들었다. 행정 당국의 노력으로 스마트폰의 앱을 통한 마스크 구입이 시작되고 나서, 이 약국 저 약국을 수소문하다가 효창공원 근처의 단독주택이 밀집한 골목길까지 가게 되었다. 대로에서 엉뚱하게 헤매다 골목길 어귀에서 보물찾기 같은 마스크를 사고 나서, 진짜 귀물을 만났다. 대파를 길바닥에 부려놓은 검게 그은 얼굴의 아저씨가 말 한마디 없이 담배만 피우고 있었다. '진도 대파, 한 묶음 오천 원'이라고 쓰인 누런 종이가 삐딱하게 세워져 있는 트럭 안에는 아직도 대파가 가득하다. 해묵은 파를 갈아엎어 새 작물을 심기 전에 좋은 것만 골라 한 차 가득 싣고 왔으리라. 천 리 길 머나먼 곳에서 온 진도 명물 앞에서 어찌할 바를 모른다. 누런 겉잎들, 뿌리에 뭉쳐진 검붉은 흙, 혼자서는 들 수도 없게 큰 다발 앞에서 망설인다. 반만 살 수 없느냐는 내 물음에 무뚝뚝하게 돌아오는 대답은 앞집 옆집 나눠 먹으라는 명령조이다. 총백탕을 겨우내 보약처럼 장복하며 감기를 이겨내는 노부부에게 더없이 반가운 귀물임에 틀림없지만 걱정이 태산이다.

뚝뚝하긴 해도 하늘색 커다란 쓰레기 봉지에 담아 자동차 트렁크에까지 실어주는 아저씨에게 고마운 인사를 거듭하면서도 돌아오는 길에는 잘 알지도 못하는 남도 사투리를 혼잣말로 중얼거리며 피식 웃었다.

'나 말고 어느 누가 이 해묵은 대파를 반가워 하겠소. 코로난지 뭔지 돌림병까지 퍼져서 사람 만나기도 겁내는 세상이 되었어라.'

그래도 아는 이웃을 만나면 좀 나누어 주고 싶어서 주차장에서 머뭇거렸지만 아무도 없다. 반갑게도 엘리베이터에서 아래층 아줌마를 만났는데 겨우 다섯 뿌리를 골라잡는 손이 엉거주춤해 보여서 왠지 민망했다. 결국, 만만한 나의 베란다에 파밭이 펼쳐졌다. 신문지를 두껍게 깔고 파를 다듬고 심을 집기와 그릇들을 준비해 놓고는 아예 앉은뱅이 의자에 눌러앉아 마음을 비운다. 갈변한 겉잎들을 제쳐내고 뿌리의 흙을 털어내니 버릴 것이 반도 넘지만 원래 보물은 허술한 데 숨겨져 있는 법이라고 돌려 생각한다. 오늘 사 온 진도 대파의 총백(뿌리 부분의 하얀 부분)은 유난히 길고 실해서 한 뿌리가 보통 대파의 세 배는 되도록 굵고 단단하다. 윤기 나는 하얀 줄기를 뭉텅 잘라서 화분 두 개에 나누어 심는다. 잘 사 왔다는 마음으로 뿌듯해져서 잠시 숨을 고르고 있는데 베란다 유리문을 노크하며 커피잔을 들고 서 있는 영감님 모습이 그림 같다. 이 철모르는 자연주의 작가를 응원해 주는 세상천지에 유일한 나의 동반자여….

한잔의 커피로 충전된 손길은 더욱 부지런하게 용도별로 나누어 다듬는다. 뿌리와 줄기는 총백탕, 잎은 육개장이나 닭개장에 넣고 맛있게 끓이면 어떨까. 핸드폰으로 진도 대파 얼큰탕의 레시피도 검색해 본다. 공해 없는 청정지역에서 바닷바람 맞으며 자랐으니 그 기운이 어찌 크지 않을까. 웬만한 고뿔쯤은 물리칠 수 있는, 동의보감에도 나오는 천연 감기약의 원료로 으뜸이니 오늘은 참으로 운 좋은 날인가 보다. 마스크도 사고 대파도 봄내 끓여 먹을 만큼은 되니 제아무리 강력한 코로나바이러스도 우리 집을 넘보지는 못할 것이 아닌가.

큰 냄비에 물을 담고 뿌리까지 세세히 말끔하게 씻은 총백을 듬뿍 넣는다. 겨우내 상비약처럼 준비해 두는 얇게 저며 얼려 둔 생강과 대추를 넉넉히 넣고 푹 끓인다. 어느새 온 집안에 파 생강 냄새가 가득하고 달달한 보은 약대추까지 섞여 마냥 따듯해지는 기분이다. 싱크대 옆에는 다시 대파 화분이 놓였다. 경칩이 지났으니 움파를 올리기엔 때가 좀 늦었지만, 꽃대가 나온들 어떠랴. 어린 날의 추억을 떠올리게 될 것이다. 동란 후 폐허가 된 집터에 가득히 피어나던 배추 무 장다리꽃 하늘거리던 봄날이 보이지 않을까. 무너진 담장 너머 빈터에 씩씩하게 자라나던 대파, 꽃 대궁마다 몽글몽글 피어나던 유년 시절의 그림처럼 희망이 살아날 것이다.

가을이 오면

'초추의 양광'이라니 맑은 햇살 따라 가을 구경을 나선다. 시장에 가는 일이 조금은 즐거워졌다. 더위가 한풀 꺾여서 이 마트 저 마트로 다리품을 파는 일도 마다않는다. 아오리 사과가 선을 보인 지 얼마 안 되는데 어느새 홍오리도 발그레한 뺨을 내민다. 그뿐인가. 과일 코너마다 넘쳐나는 풍요로움은 모두 다 어디서 오는 것인지. 하늘에 감사하고 한여름 내내 땀 흘린 농부들에게 머리 숙어진다. 청포도에 붉은 포도에 품종도 다양해서 일일이 이름을 외우기도 어렵다. 나도 좀 보아 달라는 듯 향기를 내뿜는 황도가 군침이 돌게 무르익은 얼굴이 곱기도 하다. 바로 그 옆에는 껍질이 얇은 올배도 '내 배 사소' 외치는 듯하다.

'더도 말고 덜도 말고 한가위만 같아라.'는 풍요의 계절이다. 우리는 아직도 코로나 팬데믹에서 헤어나지를 못하는데 자연은 이토록 어김없이 순환한다. 더위가 물러가고 아침저녁으로 바람이 달라지면 가을의 보석들을 찾아서 시장을 자주 가게 된다. 햇과일 중에도 나는 유난히 사과를 좋아한다. 대형 마트보다도 길 건너 재래시장의 과일가게들이 어쩐지 더 풍성해 보인다. 얼마 전만 해도 오가는 길목에 수레 가득히 담긴 사과를 파는 맘씨 좋은 아저씨도 계셨는데 이제는 추억의 한 장면일 뿐이다. 세상이 바뀌듯이 상거래의 형태도 유통질서도 많이 달라졌다. 그리운 날들을 떠올리며 여기저기를 기웃거리는 나는 그래서 아직도 철부지인가 보다. 늙지도 않는 감상으로 가을볕을 쏘이며 시장통을 마냥 어정거린다. 곧 다가올 한가위에 차례상을 마련하는 것이 사실은 더 소중한 일임을 왜 모르리. 명절이면 다락같이 올라가는 제수용 물가를 걱정하시며 미리미리 마련하시던 어르신들의 흉내라도 내보는 것이다. 그런데 조율이시(棗栗梨柿)에는 감히 끼지도 못할 풋사과에 눈이 더 간다. 염불보다 잿밥을 탐하는 어리석음이 아닌가. 올 추석이 이르긴 하다. 더위가 유난해서였던지 햇과일이 풍성해서 한결 마음이 놓이지만 코로나라는 깊은 강은 아직도 우리 앞에 도도히 흐르고 있다. 시장도 썰렁하다. 점포마다 장사가 안된다는 푸념에 우울하다. 이 어려운 시대에 누가 차례를 지낼까. 가족끼리 마음 놓고 모이지도 못하는 사회적 거리두기가 무려 2년 동안이나 계속되고 있지 않은가. 코비드19의 팬데믹 현상은 봉제사 문화마저 뒤흔들어 놓는다.

얼마 전 뉴스에서 이백삼십 년 전 신해박해 때 천주교 순교자들의 유해가 발굴되었다는 소식을 보았다. 전주의 풍남문 앞에서 참수당했던 윤지충 바오로를 비롯한 그 형제들의 사진으로 본 유골의 형태에서 당시 무참한 형벌을 받았음이 보인다고 했다. 능지처참을 당하면서도 그 길을 가야만 했던 참상이 어떠했을까. 해남의 명문 윤선도의 6대손인 그는 자신을 낳아주신 어머니의 제사마저 모시지 않겠다며 신주를 불사르는 폐제분주(廢祭焚主)로 오로지 천주를 받들어 모신다 했다. 당시의 엄혹한 시대 상황을 미루어볼 때 사회 도덕을 문란케 하며 국시를 따르지 않는 불충이 어떠한 벌을 받아야 하는 것인지 어림짐작할 뿐이다. 긴 역사의 흐름 속에 우리는 이제 어느 누가 제사를 지내던, 차례를 모시던 무관한 사회가 되었다. 가문의 전통과 각 가정의 화합에 따를 뿐이다. 순교와 박해로 이어지던 천주교 교회에서도 이미 오래전에 그 양식이 조금은 변형되어 봉제사가 공인되었다. 시대의 변천에 따라 정말 좋은 세상 개화된 문명 속에 살아간다. 수백 년을 이어오며 지켜진 미풍양속으로 명절을 지키며 귀성하여 성묘하며 가족들이 함께 차례를 올리는 행사는 또 언제까지 이어질까. 코로나라는 깊은 강을 건너가면 이제는 아무런 저항도 없이 바야흐로 폐제분주의 시대가 다가올 것만 같아 안쓰럽기만 하다.

끝도 없는 사회적 거리두기는 추석을 기다리는 일기예보처럼 궁금하다. 어떻게 하나. 어떻게 조심을 하며 이 난국을 헤쳐갈까. 무시로 행정 당국의 지침에 귀를 기울인다. 지난 설처럼 주과포로 또 간단히 차리고 메만 둘러 올려야 하나. 무축단헌(無祝單獻)의 쓸쓸한 명절을 또 지내야 할까. 인내하며 보내는 시간은 하루 빠른 방역과 예방접종을 통한 면역력 증강을 위함이라고 돌려 생각한다. 더 나은 내일의 국민 건강을 위해 사사로운 만남도 절제하며 참아야 하리. 이 엄중한 시절을 위해 하늘은 지난여름을 뜨겁게 달구셨고 염천 폭양을 견디며 수고한 농부들에게는 빛나는 열매들을 주시지 않았을까. 하느님께선 이만하면 됐다 하실 듯하다. 맑은술과 햇과일과 북어포 하나를 진설해도 깨끗한 정성으로 차례를 모시면 기꺼이 응감하실 듯하다. 그 옛날 고생하시며 일구어 낸 살림을 잘 지키도록 이 어려운 때일수록 허리띠를 더욱 졸라매자. 일가친척 두루 모여 조상의 얼을 기리고 환하게 웃으며 어려웠던 지난날을 돌아볼 날은 꼭 오리니.

만나지도 못하고 함께 차례도 모시지 못하고 둘러앉아 식사도 못 하는 섭섭한 마음을 달래주시려고 하늘은 저리도 빛깔 고운 가지가지 보석들을 보내주셨나 보다. 빨간 사과 노란 배를 정성껏 담은 과일 상자라도 고운 보자기에 담아 돌려서라도 나누어 먹으라는 가르침으로….

차례를 지내며

차례를 지내고 음복도 뒷마무리도 다 마쳤다. 제기만 따로 모아 깨끗하게 설거지한 다음 몇 번이고 마른행주로 닦는다. 유기 그릇은 습기에 녹이 슬게 되므로 햇빛에 바싹 말려서 제기함에 담는다. 향로와 촛대까지 제자리에 세워서 정리한 다음 늦여름 시아버님의 제사까지 티끌 하나 내려앉지 못하도록 단단히 보자기를 덮는다. 반닫이 문을 닫고 자물쇠를 채우고 나니 또 한 해를 무탈하게 보내고 새해를 맞는 마음에 안도의 한숨이 돌아 나온다. 고방열쇠보다 더한 의미와 가치의 반닫이 자물쇠통에는 더께진 세월의 녹이 슬어 있다.

시어머님으로부터 제사를 물려받은 지 삼십 년이다. 녹의홍상 시절부터 부엌에서 대청으로 오르내리며 어머님의 어깨너머로 배운 세월이 이십 년 가깝다. 그렇게 반백 년 가까운 봉제사로 엮어진 나의 삶도 녹록지는 않은 듯하다. 힘들고 고되기는 했으나 단 한 번도 싫은 적은 없었던 접빈객 봉제사의 삶은 나를 나이게 해준 정체성이었다. '탕국에 빠져 죽어도 종부가 좋다'던 누군가의 수필 제목에 공감하는 바가 컸다. 한 가문의 기둥을 받들어 집안 살림을 관장하는 종부의 삶은 가마솥 하나 가득 끓는 탕국만큼 깊고 넓은 맛을 지녀야 한다. 제관들이 늘어선 대청마루와 참사객들로 봉당 아래 마당 가득한 대소가 집안의 나눔을 실천하는 일은 결코 쉽지 않은 일이다. 그러나 이제 가문의 역사와 전통도 세월 따라 시대 상황에 따라서 변천하는 것을 어찌할까. 핵가족 시대에 맞추어 봉제사 문화도 점점 더 간소해진다. 너무도 빠르게 변화하는 모든 세태에 어리둥절한 늙은 나는 하릴없이 지난날을 회억할 뿐이다.

설 차례상에는 기제사의 메(밥) 대신 떡국을 올린다. 다음 줄의 진설은 적과 전과 병(떡)이다. 육적 소적 어적의 순서처럼 갈랍(전)도 고기와 야채 생선의 순서로 놓는다. 좌포우혜와 동두서미, 좌건우습으로 홀기에 적힌 순서대로 진설하면 틀림이 없다. 그다음 셋째 줄엔 탕으로 육탕 소탕 어탕을 세 그릇의 탕기에 따로 올린다. 삼탕을 하나로 합하기도 한다. 고기와 무와 북어를 한데 넣고 끓인 탕국에서 무첨을 덜어내어 탕기에 담고 그 위에 다시 마를 덮고 두부와 고기와 북어를 고명으로 얹는 약식이다. 그다음 줄은 삼색나물과 간장과 침채(김치)이다. 조율이시, 홍동백서를 차례대로 맨 앞줄에 진설하는 과일과 조과는 후식의 순서이다.

선대의 조상을 모시며 올리는 맑은 술과 음식은 정녕 지극정성의 상차림이다. 조상께서 흠향하신 다음 철상하여 후손들이 함께 먹고 나누는 음복 시간은 형제 일가친척들의 우애와 화목을 다지는 가장 의미있는 부분이기도 하다.

지역마다 집안마다 차림새가 다르고 가문에 따른 차이도 있겠지만 무엇보다 중요한 것은 정성과 절제의 아름다움이 그 근본이다. 상다리가 휘어지도록 겹겹이 올려 차려 놓아도 화목하지 않은 집안보다는 형편이 어려워 주과포만 정갈하게 올려도 조상 어르신들은 기일을 꼽는 정성만으로도 기뻐하실 것이다. 물질보다 우선하는 것은 조상을 향한 오롯한 정신의 자세가 아니겠는가. 제사는 결코 남에게 과시하는 행사가 아니어서 제물의 많고 적음은 문제가 될 수 없다. 오로지 조상을 기리며 흠숭으로 바치는 신성한 예식이다. 우리가 어디서 왔는가. 자신의 뿌리를 생각하며 과거와 현존에 감사하며 미래에 대한 염원까지도 기도드린다. 향을 피우고 촛불을 밝히며 엎드려 경배하는 이 의식을 마다함이란 생각할 수도 없는 일인데 그것이 무너져내리고 있음을 보며 무척이나 안타깝다.

세상이 좋아져서 날로 편하고 즐거운 명절이라고 한다. 그런데 내 마음은 왜 이리 허전하고 섭섭할까. 수십 명이 모여 시끌벅적 웃고 떠들며 치르던 고단한 명절이 아니던가. 한종일 손님치레에

손이 마를 새 없고 잠시도 허리를 펼 수 없이 고되던 그때가 그립다. 불과 얼마 안 되는 새에 세시풍속이 이렇게 급변할 수 있을까. 며느리 증후군이 슬며시 사라지니 시어머니의 벙어리 냉가슴이 더 답답한 듯하다. 명절이라야 추석과 설 두 번인데 무엇이 그리 힘들다 할까. 멀리 떨어져 사는 일가친척이 모여서 음식과 술을 나누며 도타운 정을 확인할 수 있는 좋은 시간이지 않은가. 편한 것만 자유로운 것만 좇다가 이제 우리는 알게 모르게 많은 것을 잃어버리고 있다. 불편하고 힘들었던 그 시절이 아쉽고 그리운 이율배반에 머리를 저을 뿐이다. 선물 꾸러미를 안고 고향의 부모님을 찾아가는 귀성이 아니라 시골의 늙은 부모가 도시의 자식을 염려하며 찾아오는 역귀성도 흔하다. 연휴에 휴가를 보태서 해외로 떠나기도 한다. 바야흐로 대한민국은 온 나라가 여행 중이고 지구촌으로 나가는 인천공항은 북새통이다.

"명절이면 왜 건강에도 좋지 않은 기름진 음식만 만들며 고생을 합니까? 전통도 세시풍속도 변해야 합니다. 우리도 이젠 가볍게 여행이라도 떠나요."

그럴까, 다음번 차례엔 나도 멋진 시어머니가 되어볼 수 있을까. 트렁크에 위패를 모셔 담고 "오케이, 렛츠 고 투게더"를 외치며 정말 떠날 수 있을까.

그래도 더위가 추위보다 나으니라

날마다 아침저녁으로 세계 시각과 날씨 온도를 들여다본다. 타이머 기능의 앱에서 나를 위한 알람기능을 지구 반대편에 사는 딸네 일과에 맞추어 놓았다. 16시간 시차의 그곳은 미국의 중서부 애리조나의 사막이니 어느 어미가 그만한 걱정을 아니 할까. 그곳 서쪽 나라에 노을이 지면 여기 조용한 아침의 나라에는 해가 뜬다. 거기 햇살이 퍼지면 여기는 달이 뜨니 아무 때나 따르릉대며 전화도 누를 수 없다. 긴 사설을 늘어놓으며 장문의 걱정 편지를 적어도 늘 바쁜 딸은 '오케이'의 초미니 공감 표시이다. 요즘같은 극한 더위에는 잘 있다는 확인만으로도 감사한 하루하루다.

폭염에 태풍과 홍수가 인류에게 또 다른 재앙을 내리는 것일까. 코비드19로 온 지구촌이 만신창이가 되었던 팬데믹, 그 어둡고 긴 터널을 지나온 우리에게 또다시 염천폭양이라는 시험대가 기다릴 줄이야. 온 인류를 공포의 도가니로 몰고 가던 미물의 존재에도 굴하지 않고 그 원인과 발병의 기전을 밝히며 치료와 예방백신까지 만들어내는 인류를 하늘은 또다시 시험하시는가. 점점 더 급변하는 기후변화와 기상이변에 시달리는 지구촌의 풍경들이 놀랍다. 올여름은 정말 지구가 몸살을 앓는가 보다. 삼 년이 넘도록 코로나를 앓고 난 우리 인류, 이젠 면역력도 바닥이 난 듯 기력을 못 차리겠다. 유난히도 길었던 장마와 무더위에 지칠 대로 지친 육신은 밤낮없이 열병을 앓는다. 고층의 아파트까지 올라와 방충망에 달라붙어 밤새 울던 매미도 잠잠해졌다. 지쳐서 어디 나무 그늘이라도 찾아갔나 했는데 아침에 베란다 문을 열었더니 에어컨 실외기 틈으로 들어온 한 마리가 아예 삶을 마감했다. 그 또한 장렬하게 짧고도 긴 삶을 마감한 죽음이니 고이 모셔서 화초 그늘에 두었다가 흙에 묻어주어야겠다.

어제보다 무더운 아침이다. 다시 오늘도 핸드폰을 열고 애리조나로 간다.

"어머, 28도네. 이럴 리가 없는데? 핸드폰도 더위를 먹었나."

다시 보아도 섭씨 28도이다. 다시 한번 애리조나 피닉스를 누르니 시간대별 일기 변화 상황이 뜬다. 밤새 비가 내렸다. 그제도 낮 최고는 섭씨 46도를 기록했고 한밤중에도 38도여서 날마다 인간의 정상체온을 넘는, 사람 몸보다 뜨거운 온도가 한 달을 넘어갔다. 오죽하면 며칠째 지구촌의 심각한 고온 현상을 애리조

나의 상징인 선인장이 고사하는 모습으로 보도될까. 하룻밤 단 한두 시간만 비가 쏟아져도 10도가 내려가는 기온을 보며 자연의 신비로움과 하늘의 도우심에 허리를 굽힌다. 비가 올 때까지 끝없이 기도하며 정성을 들이는 인디언의 기우제처럼 우리도 그리하면 될까. 이미 우리 인간은 너무도 약삭빠르게 과학과 문명으로 세상을 우주를 주무르려다가 벌을 받는 것인지도 모르겠다. 그럴 때마다 어린 날을 떠올린다. 햇과일 푸성귀라도 맏물을 주신 하늘에 감사하며 천신을 지내시던 자연 숭배자 어머니의 모습에서 소중한 가르침을 찾는다.

오래전 딸네 가족이 미국으로 유학을 떠나 공부를 마친 곳은 동북부의 도시였다. 발이 푹푹 빠지게 눈이 많이 내리는 겨울이 마냥 길고 추운 지방이었다. 멋모르고 젊음의 낭만을 즐겼던 유학 생활과 달리 정작 기나긴 삶의 경영을 위해서는 추위가 큰 장애물임을 깨달았나 보다. 공부를 끝내자마자 따듯한 남쪽의 일자리를 기꺼이 받아들였다. 추위만큼 더위도 견디기 어렵긴 마찬가지, 새로운 정착지에 은근히 걱정이 되었지만 늙은 부모의 기우였다. 옛날 서부영화에서처럼 카우보이가 먼지를 휘날리며 말을 달리던 사막이 아니었다. 인간이 못 할 일이 무엇이랴. 시가지는 물론 주거지가 밀집한 곳에는 활엽수가 너울거리고 분수와 작은 연못들에는 물이 가득하여 어디가 사막인가 싶었다. 멕시코

풍의 딸네 집에도 여느 이웃집들처럼 야자수 그늘 아래 수영장도 있고 잔디밭 가장자리로는 오렌지와 레몬이 주렁주렁 달려있다. 대체 어느 미다스의 손이 빚어 놓은 작품인가 눈을 비비고 만져 보던 감격이 지금도 가끔 떠오르며 웃음이 나곤 한다.

서쪽 나라에 가니 머나먼 동쪽의 떠오르는 해가 어서 일어나라고 잡아 다니는 듯했다. 아직 어두운데도 잠이 깨었다. 식구들 깰까 조심하며 살금살금 정원 등을 켜고 잔디밭으로 나갔다.

“어머나, 비가 오네. 애들아 비가 온다.”

나도 모르게 감격의 외침으로 소리를 질렀다.

온 집안의 불이 켜지고 기상나팔을 분 듯 잔디밭 연병장으로 온 식구들이 모였다.

“엄마, 스프링클러야. 잔디밭과 나무들마다 시간 맞추어 자동으로 관수하는 거예요.”

사위와 딸이 더 자세하게 잔디밭 밑으로 깔려진 배관이며 물이 위로 아래로 회전하며 뿌려지는 원리에 대해 설명을 해주고 손주들은 졸린 눈을 비비며 다시 들어갔다. 부지런하신 부모님 덕에 오늘 아침을 더 잘 차려야겠다고 딸은 부엌으로 들어가고 사위와 함께 밤새 시원하게 식은 정원용 테이블에 앉았다.

구만리 머나먼 나라에서 온 노부부는 사위에게 공연한 채근담을 늘어놓았다.

"고맙네, 낙원이 따로 없네. 그래도 이곳 원주민 인디언의 땅을 빼앗아 이룩한 미국의 역사를 잊으면 안 되네. 그들을 점점 더 구석진 곳으로 몰아내며 몇 푼 돈으로 인디언 추장을 회유할 때 그는 이렇게 대답했다네. '하늘과 땅, 물과 구름 바람까지 대자연의 어느 것 하나도 돈으로 팔고 살 수는 없다'고 역설한 저 유명한 인디언 추장 시애틀의 이야기를 아이들에게도 가르쳐주게나."

이렇게 더운 날이면 나는 늘 딸네가 뿌리내리며 살아가는 애리조나의 여름을 생각하며 참아낸다. '그래도 더위가 추위보다 나으니라'는 시어머님의 말씀, 그 깊은 뜻을 되새기며 무더운 나라에서 살아가는 아이들을 격려한다. 그 옛날의 더위와 추위의 의미는 결국 오늘날 우리 인류가 가장 크게 당면하고 있는 에너지의 문제인 것을 깊이 헤아려야 하리라. 여름철이 더운 해는 어김없이 겨울이 춥다던 어르신들의 말씀을 생각하며 다가올 추운 겨울을 지레 걱정한다. 그 에너지를 어떻게 마련하고 활용해야 이 아름답고 푸른 지구를 후손들에게 온전히 물려줄 수 있을까. 해수면의 온도가 조금만 올라도 무섭게 변하는 기후 현상과 기상이변의 오묘한 조화를 과학은 어떻게 풀어낼 수 있을 것인가. 태풍의 눈이 북서쪽으로 쏠려가다가도 동쪽으로 느닷없이 방향이 틀어지는 까닭을, 저 높으신 하늘의 뜻을….

빨리빨리

꽃 진 자리마다 새순이 돋아난다. 이 꽃 저 꽃들이 차례도 없이 피고 지는 봄이 무척 바쁘다. 안마당이 환하게 황매가 피면 꼭 시샘처럼 봄비가 온다고 하시던 어머니 말씀도 이제는 아닌 듯 기후가 많이 달라졌다. 아직 때가 아닌데 노란 꽃잎들을 성급하게 내밀어서 개나리가 다시 피나 했으니 내 눈도 이제 많이 어둑해졌나 보다. 영산홍이며 철쭉도 질세라 봉우리를 터뜨리고 수수꽃다리는 리라 빛 향기로 지나는 사람들을 유혹한다. 그늘진 데 심어진 바위취까지 어느새 새끼를 늘리려고 머리카락 같은 순을 이리저리 휘두르며 뿌리를 내린다. 모두 왜 이리 급하게 서두를까. 자연이 그럴까 인간이 그러한가. 가는 세월처럼 강산도 따라서 변하리.

포스트 코로나, 위드 코로나 시대를 이야기한다. 그래도 조심조심 붐비지 않는 한가한 시간에 마트에 들른다. 다락처럼 올라가는 물가지만 장바구니를 줄일 수도 없으니 가격을 비교하느라 한참을 머뭇거린다. 딸기 한 상자를 집으려다 비싼 가격에 멈칫한다. 지금쯤이면 커다란 양푼에 가득 담긴 향기로운 딸기들이 시장에 쏟아져 나올 때이건만 이 마트 저 마트를 다 돌아보아도 그런 넉넉함은 없다. 투명한 플라스틱 용기나 두툼한 스티로폼 상자에 부풀려 담긴 내용물은 맛도 옛날 같지 않다. 눈 내리는 한겨울부터 온실에다 비싼 기름을 때며 구워서 만든 귀물은 비싸서 쳐다보지도 못하다가 정작 딸기 철이 되면 구경하기도 힘들어진다. 그 대신 지구 반대편 머나먼 곳에서 배를 타고 온 오렌지가 마트마다 작은 동산처럼 쌓여있고 이름도 부르기 어려운 열대과일들이 그득하다. 그 사이로 조막만 한 노랑참외가 그나마 신토불이라고 얼굴을 내밀지만, 그 값도 만만치 않다.

저녁 굶은 시어머니 상으로 돌아와서 공연히 남편에게 푸념한다. 물가 상승에 대해서 특히 농수산물의 수입 문제나 시설재배에 대한 설익은 이론을 풀어 놓는 것이다. 그리고는 누가 먼저랄 것도 없이 '내가 농림부 장관을 해야 했는데'로 합창하며 둘이서 웃고 만다. 한참을 만지작거리다 결국은 사 온 비싼 딸기를 씻는다. 고약한 감기가 덤비지 못하도록 비타민을 섭취해서 면역력을 길러야 한다고 중얼거리며. 손안에 들어 있는, 작지만 확실한 행복을 '소확행'이라 하였던가. 내가 농림부 장관이 된들 무슨 뾰족한 수가 있겠는가. 그저 하루하루 살아가는 노후의 일상이 고마울 뿐이다. 현재 우리나라의 대외산업 수출 규모를 생각하면 값싼 농산물의 수입쯤이야 조족지혈이 아닌가. 지구촌이 하나 되어 살아가니 국제간의 교역도 이루어져야 하고 비싼 기름을 때면서라도 엄동설한에 귀물을 생산해서 농가 수입을 올리려는 시설재배 농가를 탓할 수도 없다. 남보다 빨리 수확해야 고가로 판매할 수 있을 테니 생산을 위해 투자하는 비용도 만만치 않으리라. 한결 누그러진 마음으로 싱크대 위 나만의 남새밭에 핀 파꽃을 보며 위로를 삼는다.

겨울이면 특히나 코로나 팬데믹을 겪으면서는 생강 대추와 함께 줄곧 총백탕을 끓여 먹는다. 대파의 뿌리 쪽 하얀 부분이 호흡기 질환에 좋다고 하니 이 오랜 역병의 시대를 지켜준 듯 여간 대견하지 않다. 뿌리는 뭉텅 잘라 심고 설거지하면서 물을 주면 그럴듯한 움파가 자라고 봄이 되니 꽃대가 올라온다.

식구들이 나의 움파 기르는 화분을 엄마의 남새밭이라 대접해주는 척하며 움파 산적의 별미를 즐기는 동안 나는 오래된 유년시절의 추억으로 돌아간다. 6·25동란 후 작금의 우크라이나 사태나 다를 것 없는, 아니 더욱 참혹했던, 모든 것이 초토화된 폐허를 딛고 일어나던 그때의 추억으로 소환되는 것이다. 학교 가는 길 무너진 돌담 너머로 피어나던 파꽃이며 배추 장다리꽃에 물들여진 배고픈 시절의 추억들을….

아무것도 없었던 맨땅에서 다시 일어나 오늘날의 번영을 일으킨 세월 동안 우리는 정말 얼마나 힘들게 달려왔던가. 오죽하면 외국인들이 말하는 한국인의 대명사는 '빨리빨리'가 아닌가. 남보다 부지런해야 했다. 밤을 새워 제품을 만들어서 납기를 맞추어 수출해야 했다. 열심히 노력하여 부강한 국가를 만들어 오는 동안 우리 대한민국은 모든 것에 '빨리빨리'를 적용해야만 했을 것이다. 어쩌다 여행지에서 외국인을 만나도 한국인이라면 'hurry hurry(빨리빨리)'라고 빈정대기도 하지만 그들은 결코 흉내 낼 수 없는 우리의 독특한 국민성을 은근히 부러워함인지도 모른다.

많은 것을 이룩한 우리는 이제 가끔은 뒤돌아보아야 한다. 우리가 가는 길이 올바른 길인가 그 속도는 적당한가에 대하여 성찰하는 자세도 필요하리라고 본다. 남보다 빨리 그리고 많은 생산성에만 치우치는 동안 우리가 잊은 것이 무엇인가를 깊이 헤아려야 할 듯하다. 21세기에 인류가 당면한 이상기후나 온난화 현상도 걱정해야 하듯이 문명의 발달과 산업의 발전을 위해 무자비하게 자연을 훼손한 데 대한 책임을 느끼고 깊이 반성해야 한다. 탄소중립 문제나 에너지 감축 등은 모든 국가와 국제기구에서의 논의와 결정도 중요하지만, 지구촌에서 살아가는 개개인의 작은 노력과 배려와 부단한 절약이야말로 큰 효과를 거두리라고 생각한다. 북극의 빙하가 녹고 해수면이 상승하며 지구촌 곳곳의 기상이변을 우리는 바라보고만 있지 않은가. 유럽에서는 몇십 년 만에 가뭄에 시달리고 다른 대륙에서는 폭우에 홍수가 나서 주택과 사회기반시설이 무너지며 농경지가 침수된다. 무너지고 떠내려간 다음 그래도 태양은 빛난다. 그러나 매번 그러려니 눈감아야 할까.

폭염과 가뭄을 견디며 우리는 또다시 흙에 엎드려 먹거리를 심고 나무를 키우며 다가올 겨울을 준비해야 한다. 그러나 이제는 달라져야 한다. 많은 것을 이룩하고 다시 잃어버리면서 깨달은 지혜가 있지 않은가. 푸른 별 우리 지구를 더욱 아름답게 유지하며 후손들에게 물려주기 위해서 지구촌 우리는 모두 힘을 합해야 하리. 한마음으로 노력하는 만큼 우리가 살아가는 마을과 나라와 온 세상에 녹색 평화가 깃들고 꽃도 나무도 차례와 순서를 지키며 자라나지 않을까. '빨리빨리'보다는 '천천히' 가더라도 올바르게 가는 길이 더욱 큰 보람이 가득하리.

COVID19여, 부디 잘 가시게

어느덧 한 해가 저문다. 코로나로 시작해서 코로나로 마감하는 2020 경자년, 참으로 어려운 시간이 지나가고 있다. 오대양 육대주를 넘나들며 창궐한 역병의 원인균 COVID19는 도대체 무엇이란 말인가. 눈에 보이지도 않는 이 고약한 미물의 횡포로 온 지구가 끝도 없이 몸살을 앓는다. 첨단의 의술과 신약의 개발이 눈부신 21세기가 아닌가. 마스크 쓰기와 사회적 거리두기 이외에는 특효약도 예방백신도 없다. 손이 닳도록 씻고 또 씻고 방콕 집콕으로 한 해를 견딘 우리 대한민국, 장하다. 행정 당국의 노력과 의료진의 헌신, 국민 모두의 협조는 우리를 세계에서도 모범적인 코로나 대처 국가로 인정받게 되지 않았는가.

미국이라면 무엇이나 좋다고 했다. 온 세상 사람들이 부러워하던 아메리칸드림을 무너뜨리고 그들 스스로가 표현하는 삼류 국가로 전락시킨 주범도 코로나바이러스라고 해도 과언이 아니다.

이 가공할 바이러스의 진원지가 중국의 우한인 까닭으로 모든 아시아인을 경멸하며 곳곳에서 모욕적인 언행들이 이어졌다. 그들의 장대한 기골을 자랑하며 괜찮다고 자만하던 신대륙은 이제 만신창이가 되었다. 그렇게 되지 않을 수도 있었다. 철저한 개인 위생과 사회적 거리두기만으로도 상당한 예방이 가능한 것을 그들은 왜 믿지 않을까. 과학이 발달하지 않았던 그 옛날에도 역병이 돌거나 새 생명이 태어나면 낯선 사람을 가리도록 인줄을 매었던 것은 바로 사회적 거리두기였다. 탁월한 선견지명이 아닌가. 병이 창궐해서야 도시를 봉쇄하며 그로 인해 발생된 경제 사회 문제를 국가의 잘못이라고 분기탱천하여 폭동까지 일으키는 그곳이다. 지구촌이라는 큰 틀을 보지 않고 함께 노력하여 극복할 생각을 않고 서로 네 탓만 하여 스스로 무너지는 것이다.

설상가상이다. 선거는 민주주의의 꽃이라는데 미합중국의 대통령 선거를 전후한 백악관의 분위기는 점입가경이다. 현직 대통령 트럼프와 대통령 당선인 바이든, 과연 어느 누가 진정한 승자일까. 패자의 승복 또한 아름다운 귀결이 아니던가. 복잡한 그곳의 선거제도와 투개표 과정을 전 세계가 지켜보고 있다. 초강대국의 위상과 품격을 기대하며 몇 날 밤을 지새웠지만 아직도 폭풍전야다. 서로의 지지자를 위하여 맹목적으로 몰려다니며 외치는 함성이 무섭다. 그들의 분노처럼 퍼져나가는 코로나바이러스를 보는 것 같다. 가파르게 그 숫자가 늘어만 가는 확진자와 사망자를 과연 앞으로 어떻게 대처할 것인가 참으로 걱정스럽다. 다행스럽게도 새로운 대통령 당선인으로 세계의 언론이 인정한 조 바이든의 노회한 연설, 평화와 포용에 희망을 가진다. 인종차별 없는, 지구촌의 모든 민족의 뜻이 하나로 합쳐 함께 가자고 한다. 조용히 그러나 결연히 말하지 않는가. 승자의 포용으로 다시 하나가 되는 미합중국이기를 그들의 말처럼 존경받는 아메리카가 되기를 기대한다.

저 무서운 코로나를 물리치는 것을 당면 제일의 과제로 삼으니 참 고마운 일이다.

돈도 명예도 중요하지만 건강을 잃으면, 모두 다 잃게 되는 것이다. 지금부터라도 지구촌의 우리 모두 뜻을 합하고 힘을 보태서 역병 코로나를 하루빨리 퇴치할 날을 염원하며 가는 해에 당부한다. 코로나바이러스도 함께 모시고 가라고 간곡히 부탁한다.

"COVID19여, 부디 잘 가시게."

3/

어느 긴 하루

어느 긴 하루

남편의 쉰 기침 소리에 잠이 깨었다. 이불을 덮어주려니 목덜미에 땀이 흥건하다. 40.5도의 열, 이마가 불덩이다. 코로나인가, 아찔하다.

흔들어 깨워도 신음만 할 뿐 몸을 가누지 못한다. 침착하자. 허둥대지 말자. 우선 땀을 닦아내고 아이스 팩을 찾아 얼린다. 새벽 네 시, 아이들에게 전화할까. 아니다. 만약에 확진되면 밀접 접촉자는 나 하나로 충분하다. 남편의 옷을 갈아입히며 입을 앙다문다. 기저질환이 있어 상비해 두는 준비물을 챙기고 겨드랑이에 얼음주머니를 바꿔가며 119에 전화를 건다.

하필이면 오늘 야간 당직은 안내가 서툴다. 어렵게 1339번 질병관리본부에 연결되어 발열호흡기 진료소 방문까지 4시간이나 걸렸다. 자차로 아니면 택시를 타고 오라는 안내는 이미 격리환자 취급이었다. 담당 의사의 문진에 답하며 정신 줄 안 놓으려는 남편의 의지에 울컥했다.

“어르신께선 코로나보다 급성폐렴이 심하십니다. 결과를 기다리는 동안 큰일 당하실 것 같습니다. 어서 빨리 큰 병원 응급실로 가셔서 검사와 치료를 병행하셔야 합니다.”

출근길 러시아워의 쏟아지는 빗속에 어떻게 운전을 했는지 기적이었다.

복잡한 응급실 입원 절차 후에 남편은 음압병실로 옮겨졌다. 유리 벽이 이중으로 가려 있었다. 방호복을 입은 간호사가 링거액을 들고 들어가고 방사선과 기사도 X선 장비를 밀고 들어갔다. 잠시 고개 숙여 눈을 감는다. 의사가 있지 않은가. 믿고 기다리자. 감염 예방을 위해 모든 것이 삼엄하게 철저했다. 대기실의 시간은 길고 또 길었다. 자정 무렵 핸드폰이 울린다. 덜덜 떨며 ‘코로나19 음성’의 결과를 확인했다. 곧바로 남편은 호흡기 병동으로 이송되었다.

천국과 지옥을 오가던 그 긴 하루 나는 얼마나 참회하고 또 감사했던가.

불명열(不明熱)

체온계가 붉은빛이다. 39도 5부. 의식이 가물가물해가는 남편을 흔들어 깨운다. 오늘 다시 방문해서 해열제를 맞으라던 동네 의원에 전화를 걸어 혹시 왕진이 가능한가 물으며 상황 설명을 한다. 응급실에 가면 고생만 한다고 붙잡던 어제와는 전혀 다르게 이제야 빨리 가라고 냉혹하게 수화기를 놓는 소리가 들린다. 의술은 인술이라는데 저분이야말로 대체 히포크라테스의 선서나 하고 의사가 되었을까. 모진 마음이 되어 입술을 앙다물며 119 구급대를 부른다.

지병인 심장질환 때문에 자주 병원 출입을 하니 상비해 두는 입원용 물품들을 담아 두는 가방이 코앞에 있건만 오늘따라 허둥대며 찾지를 못한다. 여름내 벌써 몇 번째 입원인가. 구급대원들이 오기 전에 옷이라도 갈아입히려고 이불을 젖히다가 다시 놀란다. 아랫도리는 물론 침대 시트며 이불 속까지 엉망이다. 철렁한 가슴을 누르며 한편 열이 조금은 내렸으리라는 생각으로 안도한다. 간신히 옷을 벗기고 몸을 닦는데 구급대원들이 벌써 도착한다. 생명이 분초를 다투는 지경에 무슨 옷이냐며 알몸의 환자를 구급 침대 위에 눕힌다. 오한에 몸을 떠는 남편에게 옷을 챙겨서 덮어주려는 나의 절박함은 안중에도 없다. 달랑 시트 한 장만을 덮고는 대원들은 이미 복도로 나가서 엘리베이터를 기다리고 있다. 빨리 나오라는 외침에도 냄새나는 침구며 옷들을 한 쪽으로 여며두려는데 다시 불호령이 떨어져 맨발에 신발을 꿰고 나섰다. 똥에는 촌수가 있다더니 결국 뒤처리는 뒤늦게 소식을 알고 달려온 아들의 몫이려니. "주님, 자비를 베푸소서"를 암송할 뿐이다.

요란한 구급차 신호음을 울리며 달리는 차 중에서 남편을 흔들며 소리쳐 부른다. 대원들에게 지청구를 들으면서도 챙겨온 겉옷을 더 덮어준다. 정신줄 놓지 말라고 안암의 언덕으로 가고 있으니 걱정 말라고 외칠 때마다 눈을 떴다가 다시 감는 남편의 손발이 얼음처럼 차다. 위아래로 어찌나 주물러 댔는지 아프다고 찡그린다. 아픔을 느낀다는 사실이 곧 의식이 있다는 삶의 표징이니 고마운 일이 아닌가. 일각이 여삼추라도 드디어 도착, 나도 모르게 소리를 질렀다.

"아, 하느님 병원에 도착했습니다, 살아서 도착했습니다."

이십여 년을 다니며 아픈 몸을 맡기는 모교의 부속병원인 '안암의 언덕'이 아닌가.

응급실에 환자 이송 업무보고를 완료한 구급대원들에게 감사할 틈도 없이 119 차량은 다시 달려 나간다. 말없이 성호를 그을 뿐이다.

남편은 방호복을 입은 의료 기사에게 안내되어 열흘 만에 또 코로나검사를 받는다. 이 얼마나 엄혹한 팬데믹 시대인가. 음성의 결과가 나오기까지 응급 임시격리실에 머물러야 한다. 노령과 고열로 의심되는 폐렴에 대비하는 루틴의 검사도 시작된다. 기본 혈액검사나 방사선 촬영에 이어 탈수에 대비한 생리식염 수액이 투여되고 간호사가 수시로 드나들며 혈압과 체온을 점검하고 담당 응급의사의 문진이 이어진다. 다시 어눌하게나마 의사 표현을 할 수 있는 상황에 오기까지 시간이 어떻게 지나갔는지 모르겠다. 약에 취하고 잠에 취한 듯 두 눈을 감은 남편이 안쓰럽기만 하다. 계속해서 진행되는 폐와 복부 CT 촬영을 위해 침대에 눕힌 채로 검사실을 오간다. 고열로 의식이 가물거리던 상황을 중하게 여긴 신경외과에서는 뇌 MRI까지 찍어 뇌출혈 여부까지 살펴보겠다고 한다. 나는 오로지 하느님께 구원을 바랄 뿐이었다.

코로나 음성이 확인되어 한밤중에 병동으로 이송된 후 이튿날의 기나긴 하루가 지났다. 차츰 열도 정상체온으로 돌아오고 무엇보다 세끼 식사를 하게 되니 어눌하던 의식도 점차 또렷해졌다. 다각도로 시행된 많은 검사를 종합한 결과는 불명열(不明熱), 원인을 알 수 없는 진단명으로 밝혀졌다. 첫 번째 입원의 가벼운 신우염 증상도 아니고 두 번째와 똑같이 방광이나 요도 어디에도 염증이 없어 소변검사는 깨끗했다. 아직 배양검사 중인 혈액이나 소변, 객담검사가 진행 중이지만 유의미한 것은 아닐 것이라는 담당 의사의 설명이다. 반복되는 세균 검사 결과를 예측하는 듯 연관된 질환의 유무를 관찰하기 위해 타과에 협진도 의뢰한다. 자가면역질환이나 부신피질 호르몬의 이상분비 여부도 점검하였으나 역시 아무것도 발견하지 못했다. 최종적으로 만에 하나 신체의 어느 구석진 부위에 숨어있을 암세포를 찾기 위해 전신 암세포 진단 촬영인 PET/CT까지 했으나 모두 정상이었다.

며칠 전의 응급상황을 뒤돌아본다. 불안해했던 큰 병이 아니어서 천만다행이고 정상체온으로 걸어서 집으로 돌아올 수 있음이 감사할 뿐이다. 재차 삼차 응급실을 경유하여 매번 코로나검사를 하며 입퇴원을 계속하다 보니 계절은 어느새 완연한 가을이다. 해열제와 항생제를 투여하면 고열은 진정된다. 그런데 아직도 뚜렷하게 밝혀지는 원인균을 찾을 수가 없다니 대체 이 원인 모를 열병은 어디서 비롯되는 것일까. 기침만 거푸 나와도 혹시나 의심을 가졌던 결핵에 관한 소견 또한 아무리 다각도로 검사를 진행해도 찾을 수가 없다. 밝힐 수 없는 열, 현대의학으로는 규명되지 않는 열병, 불명열이라는 진단명이 옳을까? 원인을 알면 예방도 가능할 텐데 그것이 유감이다. 진찰 중에 어느 의사 선생님께서 말씀해주신 '내 몸에 새로운 친구 하나가 찾아왔다고 생각하라'는 특별한 화두(話頭)를 안고 돌아왔다. 그 친구와 잘 사귀기 위해 무엇을 어떻게 할까, 노부부는 머리를 맞대고 궁리를 한다.

저 유명한 토마스 만의『마의 산』을 잉태하게 해준 알프스 자락의 산간마을 다보스 휴양지로 가 볼까, 아니면 북해의 요양지 노르더나이 섬으로 떠나서 검푸른 바닷물과 시린 바람에 몸과 마음을 씻어 이 열병을 다스리게 할까.

허황한 꿈일랑 접고 며칠만이라도 서해안 한적한 시골 마을에라도 가 보고 싶다. 해조음 들으며 송림을 걷다가, 노을빛 윤슬을 바라보다, 해가 질 때까지 백사장에 앉아있고 싶다.

'내 몸을 찾아온 특별한 친구', 매운 죽비 성찰의 화두는 결국 면역력이고 건강한 몸과 마음을 지향하는 자세이며 다스림임을 깨달을 뿐이다.

늙어도 친정

쉰 기침 소리가 새벽잠을 흔든다. 영감님의 이마를 만져보니 진땀이 축축하다. 열은 없으나 안심할 수가 없다. 여섯 시간 간격으로 체온을 조절하는 약의 효과가 떨어지면 다시 오를 것이다. 독한 항생제와 해열제로 간신히 정상 수치의 검사 결과를 가지고 퇴원은 했으나 아무래도 불안하다. 좀 순하고도 잘 듣는 약이 없을까. 유년 시절의 명의 '노주부'도 안 계신 마당에 어디 가서 저 기침을 멎게 할 명약을 구한단 말인가. 약이 되려면 하찮은 풀뿌리나 건초 줄기도 들으련만 어디에 수소문해야 할까. 걱정 많은 할멈은 결국 이른 아침을 연다.

어제 쓰다 만 글을 열어 본다. 뻑뻑한 눈이 아프고 자판을 두드리며 커서를 오르내리기에도 멀미가 난다. 걱정 근심 덜어내기엔 이 일도 아닌가 보다. 첫새벽 닭장 같은 아파트에서 물일을 할 수 있나 불일을 할 수 있나. 위 아래층 모두 다 깊이 잠든

밤이 길기만 하다. 이럴 때는 앉은일보다는 선일이 안성맞춤인데 문득 절간의 불목하니가 부러워진다. 몸을 고되게 하며 정신을 수양하는 자세를 생각한다. 생로병사의 굴레를 지고 가는 구도의 강, 용맹정진하여 건너갈 뜻을 어찌 세웠을까. 아무것도 모르는 어린 나이에 아니면 너무 많은 것을 알아서 그 길을 갔을 터. 고뇌와 슬픔을 이겨내려 나무를 해오고 마당을 쓸고 물을 길어와 가마솥에 붓고는 그 앞에 꿇어앉아 정성들여 불을 피우지 않을까. 누구도 가르쳐줄 수 없는 깨달음을 위해 스스로를 단련하는 공덕을 어찌 가벼이 여길까. 가당치도 않은 연상을 하며 불도 켜지 않은 거실과 주방을 맴돈다.

가을이 깊어갈수록 짧아진 해는 더디 밝는다. 기다리던 아침이 희붐하게 밝아오자 시계도 보지 않고 오라버님께 전화를 드렸다. 어느 누가 살뜰한 안부 전화를 이리 새벽같이 드릴까. 송구한 마음은 뒷전이고 아쉬움부터 털어놓을 생각이다.

"오빠, 저예요. 아직 주무실 텐데…."

"벌써 동네 한 바퀴 산책 중이다. 근데 이른 아침에 웬일이냐?"

느닷없는 새벽 전화에 놀라시는 팔순의 오라버님에게 무턱대고 걱정을 늘어놓는다. 부모님이 돌아가시면 친정도 없다지만 그래도 만만하게 하소연할 곳이 피붙이밖에 더 있을까. 자초지종을 다 듣기도 전에 나보다 더 급하게 외치시며 빨리 오라고 하신다.

"여기 약이 있다. 기침도 멎고 가래도 삭인다."

늘그막에 강화도로 귀농하시어 두 노인이 신선처럼 사신다고 부러워만 했다. 분통같이 작고 예쁜 집 앞으로는 얼마 안 되는 문전옥답이 금빛으로 출렁이고 밭에는 가지가지 농작물을 고랑마다 꽃처럼 심어 키우신다. 농원 구석의 닭장에서 꼬꼬댁거리며 알 낳는 모습을 보여주실 땐 부러움에 시샘까지 나지 않았던가. 거기 약이 있단다. 이도 저도 듣지 않던 기침을 낫게 할 명약이 있다니 얼마나 반가운 일인가. 남편을 서둘러 깨운다. 영문을 모르고 의아해하는 남편에게 약을 찾았다고 거듭 외치며 부지런히 아침상을 차렸다. 급할수록 돌아가라 했다고 채근하는 남편의 말을 듣자니 답답하기 이를 데 없다. 아침 안개 걷히고 러시아워까지 피하다 보니 점심때가 다 되어 도착했다.

"우리 왔어요!"

널어놓은 붉은 고추를 건드릴까 조심스레 마당 한편에 주차를 했다. 그런데 몇 번이나 외쳐 보아도 어디 계신지 기척이 없다.

평화로운 시골의 한낮에 갑자기 꼬꼬댁 소리가 요란하다.

농원 끝자락 닭장 앞에 선 두 노인, 아니 닭을 잡으시나? 드디어 날갯죽지를 거머쥐고 닭을 번쩍 치켜들며 만면의 웃음을 짓는 늙으신 오라버님. 그 옆에 닭을 쫓던 막대기를 아직도 놓지 못하고 서 있는 올케의 구부정한 모습. 눈물이 핑 돌아 말이 나오지 않는다. 사위 왔다고 씨암탉 잡아 줄 장인·장모님은 어디 계실까 먼 하늘을 본다. 어느 틈에 달려와서 옷자락에 비비적거리며 인사를 하는 야옹이의 응석이 귀엽다. 이따금 보는 멍멍이는 꼬리만 흔들고 다시 한낮의 정적이 맴돈다. 나이 들어도 겁은 많아서 닭 잡는 근처에도 가지 못하고 싱싱하게 자라는 무 배추며 파밭 고랑을 오간다. 준비해 놓으신 끓는 물에 닭을 담갔다가 털을 뽑으실 것이다. 배를 갈라 깨끗이 씻고 삼계탕 끓일 준비를 다 하실 동안 서울 샌님들은 수줍은 손님일 뿐이다. 친정에 오면 정말 이렇게 늙어도 시누이 노릇을 하게 되는 것일까? 그것도 옛날 말이지 시누이 올케가 뒤바뀐 세상이 되었는데 나는 아직도 세상 물리를 모르나 보다.

애지중지 몇 마리 귀하게 기르시는 알 낳는 청계닭을 손수 잡으시고 강화 수삼에 밤 대추 찹쌀을 넣고 보양식을 안쳐 놓고 나서야 우리들을 맞으셨다. 염치없어 인사치레도 잘하지 못하겠는데 큰 소나무 밑으로 우리를 데리고 가신다. 아침부터 궁금해서 달려온 명약이 소나무 가지마다 주렁주렁 달려 있다. 곧 푸른 녹즙이 떨어질 듯 힘차게 보이는 싱싱한 수세미들이다. 좀 어린 것은 녹즙으로 마시고 여물어가는 것은 얇게 저며 설탕에 재어 갈무리해서 겨우내 두고 끓여 먹으라고 하신다. 기침 가래나 호흡기 질환에 좋다는 설명을 거듭하시는 오라버님 얼굴에 친정어머니와 외할아버지의 모습이 겹쳐 울컥해진다. 늙으면 부모의 얼굴이 나온다더니 아버지를 닮았다는 내 모습을 보는 오라버님 마음은 어떨까 자꾸만 코끝이 시큰해진다.

조카들도 그렇게 키웠다고 독한 양약보다 좋은 것이라며 일곱 개나 되는 것을 다 따주셨다.

"병을 다스리는 데는 세 가지 정성이 따라야 한단다. 좋은 의원과 좋은 약과 그 약을 달이는 사람의 정성이란다." 명의와 명약과 지극한 정성, 세 가지를 다 구해주신 오라버님 댁은 늙어도 친정이다.

병동 이야기 중에서

구내식당에서 늦은 점심을 먹었다. 엘리베이터를 타고 2층을 눌렀다.

“아니 왜 2층이 아니고 4층으로 올라왔지? 내가 잘못 눌렀나?”

혼잣말을 하는 노부인이 이미 타고 있었다.

“아마 제가 먼저 4층을 눌렀나 봅니다. 다시 내려가잖아요. 그런데 정말 은회색 머릿결이 너무 아름다워요.”

기분이 약간은 좋아진 듯 미소를 지으면서도 노인은 그래도 고개를 갸우뚱하며 대답이 없다. 우리는 함께 2층에서 내렸다. 움직이시는 걸음이 느리다. 나 또한 만만한 나이가 아니지만 대접하며 배려하는 의미로 뒤따른다. 3층의 일반 영상의학과와는 달리 핵의학과로 가는 길은 검사 건수가 적어서인지 적막할 정도로 조용하다. 긴 복도에 그분과 나 둘밖에 없다. 잠시 뒤돌아보는 눈초리가 왠지 곱지 않은 듯하다. 말없이 따라가는데 결국 그 노인은 경계심마저 보이며 멈추어 서서 내게 어디로 가느냐고 물었다.

“네, 핵의학 검사실에 갑니다. 남편이 지금 PET/CT 검사 중이에요.”

그제야 긴장을 늦추는 노인의 얼굴에 화색이 돈다. 당신도 좀 민망했을 것이다. 세상이 참으로 무서워졌다. 사람이 사람을 못 믿는, 불신 시대에 살고 있다는 것에 머리가 띵해진다. 그리고 문득 지치고 협수룩한 내 몰골을 본다. 영락없이 이상한 여자로 보였나 보다. 가령 구걸을 한다든가 아니면 소매치기라든가…. 나는 갑자기 서둘러 몇 행보를 앞질러 가서 자동 유리문을 열었다. 그리고는 아주 건조하게 노부인을 향하여 들어가시라며 잠시 기다리고 있었다. 계면쩍은 표정으로 나를 바라보는 노인의 얼굴이 겉치레보다 많이 늙어 보였다.

“환자분, 아직 30분 더 누워계셔야 합니다. 천천히 오셔도 되는데… 그럼 사모님, 저기 소파에 편히 앉아 기다리며 쉬세요.”

오랜 병동 생활 덕에 안면이 있는 접수 담당의 간호사가 각별하게 안내를 하는 태도를 보고 노인은 다시 나를 흘낏 바라본다. ‘웬 사모님이라니…’라고 혼잣말을 했을지도 모르겠다. 전혀 상관할 기분도 여유도 없이 나는 쓰러지듯 소파에 몸을 묻고 눈을 감았다. 다시 일주일 동안의 입원이다. 이번처럼 간병이 어려운 적이 없다. 하기야, 벌써 네 번째, 여름 한철을 병동에서 지냈으니 지칠 때도 되었다. 어째서 아픈지 까닭이라도 알면 병에 맞는 약을 쓰면 될 것을 원인을 모르겠다는 열병에 마냥 힘이 들었다.

"많이 피곤하신가 봐. 옆에 앉아도 되지요?"

노부인의 음성에 눈을 뜬다. 어느새 옆으로 바짝 다가앉는 귀부인의 옷차림과 장신구가 빛난다. 119를 통해 응급실로 환자와 함께 실려온 후 이틀이나 감지 못한 머리칼을 만지며 다시금 나의 지치고 후줄근한 모습을 의식한다. 그리고 의심스럽게 뒤돌아보던 시선들이 겹쳐진다. 지금은 모든 것보다 먼저인 것이 남편이 응급상황을 벗어나는 일이다. 나를 돌본다는 것은 생각도 못 할 상황이다. 남편은 어둑한 대기실 간이침대에서 한 시간을 누워 있어야 한다. 전신을 투영하며 양전자방출단층촬영법이라는 뜻도 이름도 어려운 핵의학 검사를 받기 위해서 미리 주사한 조영제가 온몸에 골고루 잘 퍼지도록 기다리고 있다. 남편을 위한 기도 외에 더 무엇이 중요할까.

"어디가 아프신데요? 암이에요?"

너무도 단도직입적이고 지나친 걱정에 정색을 한다.

하기야 이곳은 머리 꼭대기부터 발끝까지 몸속 어딘가에 숨어

있을 암세포를 찾아내기 위한 특수 검사실이기에 가능한 질문일 수도 있겠지만 나도 단호하게 잘라 말한다.

"아니에요."

아직 본 검사는 시작도 하지 않았는데 나는 그냥 눈을 감고 말았다.

다행히 잠시 후 호명된 그분은 바로 옆 진료실로 들어갔다. 안도의 한숨을 쉬며 가방에서 읽을거리라도 꺼내려는데 벌써 진찰을 받고 나와서는 희색이 만면하여 말을 건다.

"좋대요, 지난번보다 결과가 좋아졌대요."

"다행이시네요. 건강해 보이시는데 연세가 어떻게 되시는지요."

"올해 여든여덟이에요."

"아니 그 연세에 어떻게 혼자서 복잡한 종합병원에 검사도 다니시고 대단하십니다."

"영감님은 가신 지 오래고… 아이들이 걱정하며 도와준다고 하지요. 그래도 난 가능한 한 독립적으로 자유롭게 살아요. 아파트도 아주 편리하고 안락해서 노 프로블럼."

옷차림에서부터 말씨에 묻어나는 교양까지 어느 것 하나 모자람이 없어 보인다. 그런데 차츰 노인의 빛나던 장신구들이 퇴색되고 우윳빛 실크 블라우스에는 얼룩이 지고 있었다.

결국 대기 시간이 다 되어서야 일어날 수 있었다. 노인은 엉거주춤 일어났고 오래된 지인처럼 예를 갖추며 인사를 나누고 헤어졌다. 드디어 CT실의 문이 열리고 남편이 호명된다. 다시 기다리는 본 검사 이십 분간이 두 시간처럼 길다. 은빛 머릿결의 노부인을 생각한다. 이제는 기운이 없다며 쓸쓸히 돌아가는 뒷모습이 눈에 밟힌다. 아이보리와 베이지가 잘 배색된 옷차림에 장신구며 핸드백 구두 어느 것 하나 타박할 수 없는 차림새에서 노후의 롤 모델을 그려 보았다. 그러나 보이는 것이 다 참이 아닌 것을…. 동병상련의 이야기를 더 오래도록 나누면 어땠을까. 역지사지로 그 노부인은 또 나를 어떻게 바라보았을까. 만나자 곧 헤어진 인연이다. 잠시나마 그려 보았던 아름다운 상(像)이 지워지기도 전에 나는 다시 용수철처럼 튕겨 일어난다. 방사선 담당 의료기사의 외침이 알람처럼 울린다.

"검사 끝났습니다. 환자분 병실로 이송하십시오."

또 하나의 기다림

"시술, 잘 받고 나와요."

손이라도 꼭 잡아 줄 여유는커녕, 눈 맞추어 인사할 틈도 없이 바쁘게 이동침대에 실려 심혈관센터 도자실로 들어가는 남편의 모습을 더는 바라보지 못하고 돌아선다. 벌써 몇 번째의 시술인가? 매번 느끼는 감정이지만 가슴 한구석이 메이는 듯하다. 일부러 쾌활한 척 용기를 주려던 내 목소리가 오히려 떨렸으니 실려 들어가는 남편의 마음은 또 오죽이나 착잡했을까? 대기실의 시계가 오후 두 시 십오 분을 가리킨다. 이번엔 몇 시간이나 걸릴까, 제발 무사히 성공적으로 되어야 할 텐데….

이따금씩 열렸다 닫히는 도자실의 문을 응시한다. 두 아이 대학시험 볼 때 이런 마음이었고, 아들 군대 갔을 때와 딸아이 외국 보낼 때 심정이 그랬다. 내 손이 미치지 못하는 곳, 내 말이 통하지 않는 거리가 막막하기만 하다. 열두 폭 치마폭에 감싸 안고 품기만 한 것일까? 결국엔 스스로 일어서고 커야 할 몫임을 뒤늦게 알며 헛된 노파심을 자책하기 일쑤지만 나이가 들수록 마음이 약해져서 식구들을 생각하는 마음이 더더욱 애잔해진다.

한 시간 반이 넘었다. 핸드백에 넣어온 읽을거리들을 건성 넘기며 눈은 다시 도자실로 향한다. 대기실의 TV 화면에 나오는 빅뉴스, 경의선과 동해선이 남북으로 이어지고 있는 장면이 보인다. 남과 북의 철로가 연결되는 감격의 순간이지만, 속이 타는 나는 벌떡 일어나서 외래로 연결되는 정원으로 나선다. 큰 소나무 밑에 선홍색으로 만개한 철쭉꽃 앞에서 가슴이 철렁한다. 몸을 덮어씌운 하얀 시트에서 배어 나와 얼룩진 선혈이 오버랩된다. 하기야 2년 전, 일곱 번째 시술 후 입원했을 때 이 자리에서 산책 중에 정맥주사의 바늘이 빠져 피가 낭자하게 흐르던 장소였기에 더욱 그런가 보다. 지금쯤 넓적다리의 동맥을 뚫어 집어넣은 시술관을 통해 혈관조영제가 심장까지 이르렀을까? 이번엔 또 어느 부위의 혈관이 좁아지고 막혔을까? 영상으로 모니터에 나타나는 혈관의 상태를 관찰하며 풍선을 터뜨리거나 스텐트를 끼우는 등 시술팀의 말 없이 분주한 손놀림이 보이는 듯하다. 다시 불안해진다. 중간에 보호자를 불러 브리핑해 줄 시간이 지난 것 같은데 초조함에 다시 대기실로 돌아와 엉거주춤 앉는다.

호미로 막을 것을 가래로 막는다는 속담처럼 남편의 참을성은 결국 병을 키운다. 이번에도 오십견인 줄만 알고 이삼 년이나 재

활치료를 받아왔지만 결국은 순환기 계통의 질환인 것 같다. 지난주 입원했을 때 시술했던 다리 부위는 그렇다 치고서라도 말이다. 대동맥에서 사지로 갈라져 가는 혈관 중에 어깨와 팔로 가는 혈관 중의 하나가 거의 막혀있는 CT 촬영 분석 결과가 그렇다. 이 막혀가는 혈관이 6년 전 관상동맥 우회 수술을 한 혈관마저 가로막게 되면 언제 다시 심근경색이 발작될지 모를 일이다. 주치의 설명대로 오늘의 시술이 잘되면 일석이조일 수도 있을 테니 좋은 결과를 위해 간절히 기도하며, 시술의를 믿고 의지할밖에…. 시술이 잘되면 심근에 혈액을 공급하는 관상동맥의 활동이 좋아지고 이는 심장 근육 자체의 운동성을 높이게 되어 전체적인 심장 기능의 향상으로 연결될 것이라는 설명을 믿고 싶다.

그러나 의술은 인술이고 그것은 어쩌면 일회적인 창작 예술인 듯싶다. 인간의 겉모습이 사람마다 다르듯이 그 내면 또한 그렇지 않은가? 수많은 검사와 영상촬영 결과를 토대로 결정된다 하더라도 막상 시술대나 수술대 위에 눕혀진 환자의 몸이 열렸을 때의 상황이란 공식대로가 아닐 것이다. 모르모트를 이용한 실험과 시신을 이용한 해부 등 수많은 연습이 있다 해도 살아있는 몸을 시술하거나 수술한다는 것은 정녕 일회적인, 연습일 수 없는 단 한 번의 찬스임에 전율한다. 그러기에 유능한 의사일수록

'저 위에 계신 분'을 찾으며 무릎 꿇고 도우심을 청하지 않는가!

그래, 기도하자. 마음을 바꾸자. 긍정적으로 좋게 생각하자. 어젯밤에 남편과 나눈, 남북 철도 얘기를 떠올리며 애써 마음을 다스린다. 우리 건강하게 오래오래 살아서 경의선 기차를 타고 시베리아 횡단철도로 바꿔 탈 수 있기까지 기다려 보자고 했다. 바이칼 호수를 지나 우랄산맥을 넘어 상트페테르부르크까지의 대장정을 그린다. 도스토옙스키와 투르게네프의 숨결을 더듬다가 마린스키 극장에서 키로프 발레단의 「백조의 호수」 공연을 관람하며 차이콥스키도 만날 수 있겠지. 백야가 눈부실 때쯤 파리행 기차를 타면 다음 날 새 아침에 뒤셀도르프에 도착할 수 있겠지. 우리들의 젊음이 머물었던 곳, 하이네가 태어나고 슈만이 활동하던 곳으로. 그의 아내 클라라를 온 마음을 다해 사랑하던 브람스의 콘체르트를 들으며….

그렇게도 간절히 빌고 또 빌면 꿈은 이루어지겠지. 당신의 막혔던 혈관이 뚫리듯이 그래서 다시 혈액이 온전히 순환되는 것을 모니터에서 볼 수 있듯이 우리의 철마도 서울에서 출발하여 우리들의 젊은 날을 두고 온 뒤셀도르프까지 이어지기를 기도한다.

눈이 내리네

함박눈이 펄펄 내린다. 설국(雪國)으로 변한 안암의 언덕에서 석탑(石塔)을 바라본다.

인촌기념관 대도관 서관이 고성(古城)의 역사처럼 묵직하게 자리한 본교의 캠퍼스는 영원한 마음의 고향이리. 온 세상을 펼쳐놓은 듯 장엄한 정경을 가슴에 안아 본다. 통유리창의 전망 좋은 방 69병동의 병실은 특별하다. 남향의 온실 같은 어느 먼 남쪽나라 휴가지의 해변 호텔처럼 햇빛이 눈부셔 한종일 블라인드를 내려두었는데 함박눈이 나를 불러 창문마다 들어 올렸다. 하얀 눈이 날아 들어올 것 같다. 꽃처럼 나비처럼 날아서 유리창 안으로 들어온다.

독한 약에 취해 때 없이 곤히 잠들어 있는 남편의 숨소리는 더없이 편안하다. 청춘의 날들 학창 시절에 함께 거닐던 캠퍼스를 꿈꾸고 있는 것일까. 아픈 얼굴에도 미소가 어린다. 지난 연말 갑작스러운 흉통으로 앰뷸런스를 타고 응급실에 도착한 이후 몇 가지 검사를 마치자 곧바로 중환자실로 이송된 남편은 며칠에 한 번밖에 볼 수 없었다. 대개의 심혈관 질환은 동맥경화와 혈전으로 막힌 혈관을 스텐트라는 미세한 그물망으로 혈관을 넓혀주면 되는 간단한 질병으로 알고 있으나 주먹만 한 심장 하나가 온몸에 피를 돌리게 해주는 복잡미묘한 기전을 어찌 다 말로 설명할 수 있을까. 심장을 뛰게 하는 관상동맥이 막히면 심근이 경색되고 심장마비로 인한 급사로 이어지는 협심증이라는 진단명 그 자체가 늘 두렵고 무서웠다. 그런 상황은 늘 불시에 찾아와서 때마다 놀라움과 당황함으로 안절부절 못해왔다. 어떻게도 표현할 수 없는 통증이었다고 한참 나중에야 느리게 회고하는 그런 남편, 그 곁을 지켜온 이십여 년이 저 눈밭에 파노라마처럼 펼쳐진다.

그때도 그렇게 눈이 왔다. 처음으로 흉통이 시작되었던 겨울, 세 개의 관상동맥 중에 하나가 완전히 막혔다는 진단 앞에 우리는 무릎을 꿇었다. 결국 바이패스라는 혈관우회술로 당시의 의료 수준으로서는 매우 위험한 수술을 감행하였다. 가슴을 절개해서 늑골을 세 마디나 열고 뛰는 심장의 병변을 고친다는 일은 오직 하느님의 도우심이 아니면 불가능했다. 눈부시게 발전한 오늘날의 의학 수준을 비교해 볼 때 참으로 열악한 조건들이 많았지만 그때도 나는 수술 집도의를 굳게 믿었다. 하느님의 손길이 그분의 머리부터 발끝까지 머물러주실 것이라는 것을. 그리고 알게 모르게 우리를 보호해주고 도움을 주신 수많은 수호천사들이 위로와 격려와 정성을 보내주셨다. 온 집안이 떠들썩하게 대들보 무너질 듯이 걱정 근심으로 모여든 수술방 앞의 정경은 지금 생각해도 눈물겨운 옛날이야기이다.

다시 함박눈 내리는 언덕을 내려다본다. 눈 속을 더듬어 가듯 천천히 장례식장으로 긴 버스가 올라간다. 영구차를 따라 승용차도 몇 대가 조심스럽게 따라간다. 어느 영혼이 떠나시는 날인가. 어쩌면 나도 언젠가는 저 대열에 서게 될 날이 올 것이다. 말없이 성호를 그으며 잠에 취한 남편 곁으로 가서 이마를 짚어 본다. 항생제와 해열제를 번갈아 맞으며 거의 잠에 취해 있는 얼굴이 불그스레하다. 무슨 생각을 할까. 무슨 꿈을 꿀까 입을 벙긋거린다. 일부러 깨우니 여기가 어디냐는 가슴 철렁한 소리를 하고는 다시 잠으로 빠진다. 섬망 증상인가. 어젯밤 꿈에는 누가 어떤 검은 차에 타라고 해서 안 탔다고 하더니 오늘도 꿈길이 편치 않은 듯 마음이 아리다. “타지 말아요, 그런 이상한 차는 절대로 타면 안 돼요.” 누누이 일러주며 머리를 쓰다듬어 주니 잠시라도 얼굴이 편안해지는 것 같다.

관상동맥 우회도로 수술을 받고 이십 년을 간신히 버텨온 남편의 혈관이 이 겨울에 다시 막혔다. 동맥경화로 딱딱하게 굳어진 혈관에 덩어리로 굳어진 혈전이 완전히 길을 막고 있었다. 약물 주사로 녹여 보는 시술도 풍선을 넣어 부드러워졌을 혈전 덩어리를 빼어내는 외과적 수술도 소용이 없었다. 온 심혈관 내과 외과의 의료진이 총동원되어 애를 써도 허사였다. 다시 봉합하고 또 회의하고 연구한 끝에 택한 마지막 방법은 죽음을 불사한 기로에서의 유일한 선택이었다. 이십 년 동안 우회도로 덕분에 역할을 맡지 않고 쉬고 있었던 본래의 동맥을 살리기로 결정했다고 알려준다. 눈부신 과학의 발전과 의료 수준의 향상이 날로 달로 새로워지는 것은 짐작한다. 그러나 어떻게 안 쓰던 혈관을 살린다는 것이 가능할까. 또다시 어떠한 결과에도 승복하겠다는 의미의 동의서를 작성해야 했다. 손끝이 얼마나 떨렸는지 내 이름 석 자 쓰기가 그렇게 어려울 수가 없었다.

두 시간 후 보호자를 찾는 수술방의 전화에 또 가슴이 철렁했다. 담당 교수의 브리핑을 들으라는 안내였음을 알고서야 정신을 차릴 수가 있었다. 수술방으로 들어가기 전에는 오직 저 높은 곳에 계신 분의 뜻이라며 어두운 표정이던 의사 선생님이 농담까지 하신다. “아직 돌아가실 운이 아니신가 봐요.” 브리핑 룸에서 모니터에 남편의 시술 부위와 과정을 설명하는데도 아무 소리도 안 들린다. 오직 혈관을 따라 막힘없이 피가 흐른다는 사실만이 중요했다.

“하느님, 하느님께선 바로 앞에 계신 의사 선생님의 손길이 되어주셨나이다.”

현존하신 그분을 뵙는 순간에 나는 그분이야말로 위대한 예술가, 생명의 창조주이심을 보았다. 다이너마이트로 바위산을 뚫어 터널을 만들 듯 굳어진 혈관에 스텐트를 심어가며 뜨거운 피를 통하게 한 대역사가 이루어진 장면 앞에 나는 말을 잃었다. 의사 선생님이 내 어깨를 두드리며 축하드린다고 했을 때 나는 감격의 눈물을 터뜨리고 말았다.

모든 어려운 순간들이 지나갔다. 죽음의 골짜기를 허우적거릴 때 나는 수술실 밖에서 중환자실 앞에서 밤을 새우며 우리를 위해 기도해주신 좋은 인연들이 모두 수호천사가 되어 남편을 살려주셨음에 감사를 드렸다.

새로운 날들을 축복하듯 오늘 저렇게 함박눈이 내린다. 안암(安岩)의 언덕에서 바라보이는 온 세상이 평화롭다.

수요콘서트의 이웃들

수요콘서트. K대 병원 로비에서 수요일 점심시간에 열리는 작은 음악회다. 의료인이면서 아마추어 음악인으로 구성된 오케스트라이지만 실력이 만만치 않다. 남편의 오랜 투병 생활 동안 병동을 오가며 들어왔던 음악회가 이제는 기다려지는 시간이 되었다. 퇴원 후 정기 진료를 되도록 수요일에 맞추어 아름다운 치유의 시간을 가지게 되니 때마다 작은 행복을 찾는다. 환우들과 보호자들은 간이 객석에 앉고 의료인들은 하얀 유니폼을 입고 뒤에 둘러서 주어서 아늑한 공연장의 분위기가 마련되면 여느 콘서트홀에 못지않은 훌륭한 음악회장이다. 오늘의 레퍼토리는 무엇일까. 특별히 초청되어 온 기타리스트도 있고 프로그램에 적힌 연주자들의 약력도 대단해 보인다.

연주 내내 맨 앞줄에 앉아 같은 보면대를 보며 연주하는 두 바이올리니스트의 모습에 시선이 자주 갔다. 부부의 화음일까? 두 연주자를 보며 알 수 없는 깊이를 느꼈다. 한곳을 같이 바라보는 두 사람, 보면대 위의 악보를 보며 같은 멜로디를 연주하는 두 사람의 자세는 무척 진중했다. 선율이 그랬을까, 행복이나 즐거움만이 아닌 그 어떤 삶의 애환이 느껴졌다. 악장인 남자 연주자에 가려 이따금 보이는 여자 연주자의 긴 머리가 어깨에 닿아 나풀거렸다. 바이올린의 활이 춤을 추고 있다. 동시에 나는 악장을 바라본다. 그가 쓰고 있는 안경에서 예리한 빛이 번득임을 본다. 검은 수트 정장의 끝자락 맞춤 구두까지 특이하다. 가죽 구두를 힘들어했다던 노년의 카라얀처럼 비단 신발을 신었다. 그것도 리본처럼 조여 맨 구두끈이 길게 늘어져서 자꾸만 신경이 쓰였다. 여자 연주자의 활과 남자 연주자의 구두 발끝의 움직임 사이를 오가며 나는 한낮의 음악 여행을 떠났다.

음악을 들으며 일백 년도 더 되는 어느 먼 나라의 사람들을 불러왔다. 이십 세기말의 스콧과 헬렌 니어링의 삶을. 유복한 가문에서 태어나 훌륭한 교육을 받고 경제학자로 대학의 교수가 되었으나 그의 정신세계는 늘 다른 먼 곳을 향하고 있었다. 문명사회와 그의 이상세계에서의 간극은 대도시 뉴욕에서 가진 자의 삶을 거부했고 모든 지위와 능력과 가정마저도 내려놓은 채 자연의 삶을 택했다. 운명의 여신도 그런 그에게 어울리는 영원한 반려를 예비해 놓고 있었을까. 20세기의 저 유명한 인도의 명상가이자 철학자였던 지두 크리슈나무르티의 연인이었던 헬렌은 바이올린으로 대성할 음악가의 꿈마저 접고 스콧과 함께 자연으로 들어갔다. 어떤 인연이 그 두 사람 니어링 부부를 그렇게 온

전한 하나로 엮이게 했을까. 겨울이 긴 북동쪽 버몬트주에서의 자급자족의 삶은 쉽지 않았으리. 그러나 그들은 겸허함과 근검절약으로 절제의 삶을 경영하며 자연에 동화되어 여한 없이 행복한 삶을 영위했다. 그들의 삶을 경이롭게 바라보는 청중 앞에서 강연하고 함께 연구하고 글을 쓰며 보람을 찾았다. 그뿐인가. 헬렌은 스콧에게 바이올린까지 지도하여 함께 듀엣으로 연주하는 행복까지 찾았으니 어찌 그들의 삶을 탓하랴. 스콧이 100세의 삶을 마감하는 순간까지 동행하며 지켜주고 바라본 헬렌은 『아름다운 삶 사랑 그리고 마무리』 『조화로운 삶』이라는 글을 집필하여 많은 사람을 감명시키지 않았던가.

거듭되는 앙코르에 나도 손뼉을 치며 옆자리에서 출연자들의 사진을 담는 남편을 응시한다. 분명 우리도 지금 같은 방향을 바라보며 연주자들에게 환호와 감동의 인사를 나누고 있지 않은가. 이 순간이 기쁘고 감사하다. 그 힘든 심장 수술이 진행되던 지난해 겨울 그날이 오버랩된다. 그때도 마침 성탄 축하 수요콘서트가 있었다. 수술 후 중환자실로의 이전 수속을 위해 원무과를 다녀오다가 들려오는 헨델의 「메시아」를 어찌 잊을 수 있을까? 크리스마스를 축하하는 브라스밴드 연주는 장엄한 할렐루야로 온 병원에 울려 퍼지고 있었다. 나는 그 순간 수술이 무사히 잘 끝났음을 확신했고 기쁨의 눈물을 주체할 수 없었다. 오랜 시간이 흘러 후유증도 점차 가라앉는 지금 수요콘서트의 작은 기쁨을 다시 누릴 수 있다는 사실이 꿈만 같다. 혼자인 듯한 오른쪽 옆자리의 여자분께도 감동의 인사를 건넸다. 환하게 웃는 얼굴이었지만 두 뺨이 눈물로 젖어있었다. 왠지 몇 마디 인사말이라도 걸어 주어야 할 것 같았다.

“선생님께서는 혹시 어디가 편찮으신지요?”

“네, 자가면역질환으로 고생하고 있어요. 그런데 이렇게 음악을 듣고 있으니 참 편안해져요. 저희 딸도 저 오케스트라 단원처럼 S병원에서 봉사를 오 년이나 했어요.”

아픔을 잊은 듯 계속되는 그분의 이야기를 남편과 나는 조용히 듣고 있었다. 병원의 환우들과 보호자를 위한 콘서트를 주제로 한참을 더 담소하다가 다음의 만남과 건강을 기원하는 우리는 어느새 정다운 이웃이 된 듯 다정해졌다. 남편과 둘이서 함께 있다는 사실이 괜히 미안해지는 기분으로 헤어지는데 그녀의 뒷모습이 무척 애잔해 보였다. 부디 하루빨리 건강이 회복되기를 거듭 기도하는 마음이다.

반가운 이웃을 만난 오늘의 수요콘서트는 또 하나의 특별한 음악 치유로 기억될 것이다. 노련한 기타리스트의 「로망스」를 앙코르로 들으며 숨죽였던 순간 우리는 더없이 아름다운 공명으로 행복했으니….

유월을 보다

천국으로 올라가는 계단인가. 에스컬레이터를 타고 올라가며 유리창 밖으로 펼쳐지는 유월의 정원을 바라본다. 잠시라도 기분이 무척 좋아진다. 자연의 아름다움과 계절의 순환을 바라보며 원예치료까지 받도록 하는 병원 당국의 세심한 발상에 놀랍고 참으로 고맙다. 전철역에서 병원 정문까지 올라가는 언덕이 제법 가팔라서 늘 숨이 차고 진료실 앞 대기실에 도착하여 혈압을 재려면 불안했다. 이제 이렇게 멋진 길이 마련되어 편안하게 다닐 수 있으니 아픈 것도 잠깐은 잊어버릴 것만 같다. 비를 맞으랴 바람을 걱정하랴 눈길에 미끄러워질 걱정도 없이 봄을 맞았는데 어느새 녹음방초를 굽어보니 신선놀음이다.

지난가을부터 병원 앞 주차장의 리모델링 공사가 한동안 진행되었다. 어느 날 멋진 옥상정원이 개방되고 한쪽에는 근사한 카페도 문을 열었다. 정원 한가운데로 난 통로에는 유리창이 아치 모양으로 덮인 에스컬레이터로 연결되어 있다. 양쪽 대칭으로 만들어진 한 계단 아래의 정원에는 환자나 보호자들이 앉아 쉴 수 있는 벤치와 비치파라솔도 비치되어 있다. 옥상정원의 특성상 관수나 토양 관리가 여의찮은데도 남천이며 둥굴레가 꽃봉오리를 맺고 마가렛이 환하게 웃는 옆에 무스카리도 질세라 작은 보랏빛 봉오리를 내민다. 모자라는 대로 자리를 잡고 옹기종기 피어나는 모습들이 눈물겹다가도 살려고 애쓰는 생명의 경이로움에 정원을 찾는 모두가 힘을 얻는다. 자연과 조화로운 만남으로 구성된 이 특별한 아이디어의 계단식 화단을 내다보며 오르내리는 나날, 어찌 감동이 없으랴. 언덕에 위치한 병원 건물까지 편안하게 통행을 유도하는 새로운 건축 기술과 녹색 주거문화의 탁월한 조합에 감탄할 뿐이다.

흙이 넉넉한 맨 아래층 화단에는 야생화들이 가득히 피어있다. 잡초도 무리무리 어울려 피어나니 저리도 아름답다. 문득 빛의 화가인 프랑스의 인상주의파 화가 클로드 모네를 떠올린다. '그의 눈이 바라다본 대상의 색채는 빛과 대기, 주변 환경에 의해 매 순간 새로이 만들어지는 것이다'라고 했다던가. 그가 여기 서 있다면 시시각각으로 변하는 저 풀꽃들의 색깔들을 어떻게 묘사했을까. 아침과 저녁, 해가 뜰 때와 해가 질 때, 언덕을 올라갈 때와 내려갈 때, 오전과 오후의 변화무쌍한 빛의 신비를 그는 어떻게 표현했을까. 순간마다 달라지는 대상의 표정을 그대로 따라가며 성급한 터치로 표현하고자 부단히 노력했다던 그의 열정과 집념을 떠올린다. 드문드문 피어나기 시작한 샛노란 금계국이 무색하게 우리 토종의 씀바귀꽃들은 연노랑의 가녀린 꽃잎들을 흔든다. 그 옆으로는 앙증스러운 개망초의 샛노란 꽃심까지 어우러진다. 어느 천진스러운 어린아이가 풀밭에 엎드려 그린 그림일까. 온통 노란 크레파스로 문질러 놓은 도화지 속의 그림은 어쩌면 르누아르의 작품 같기도 하다.

20세기의 모네는 알았을까, 이 먼 나라 유월의 찬란한 햇빛을…. 만약에 그가 이곳을 보면 어떻게 이 아름다운 유월을 그렸을까? 아니 어쩌면 21세기의 기계문명이나 낯선 초현대식 건축공간을 보며 얼굴을 찡그렸을까? 1889년, 프랑스혁명 100주년을 기념하여 열린 파리만국박람회의 상징적인 건축물로 에펠탑을 세울 때 당시 프랑스의 지식인이나 예술가들은 극렬하게 반대했다고 한다. 오랜 역사와 전통을 지닌 아름다운 파리의 경관을 깨뜨릴까 걱정하며 박람회가 끝나면 철거를 조건으로 탑을 세웠다고 한다. 그러나 오늘날 우뚝 솟은 에펠탑의 위용은 이제 온 세상 사람들의 사랑받는 프랑스 파리의 랜드마크가 되었으니….

오로지 자연의 빛을 사랑하고 시시각각 변화하는 대기의 움직임에 따라 붓을 움직여 강렬하게 표현한 그의 작품들의 소재는 초원의 빛이며 떠오르는 태양이고 흔들리는 파도였다. 그의 작품 안에 그가 살아있듯이 역동적으로 타오르는 정신세계를 짐작할 만하지 않은가. 불현듯 그가 오랫동안 애정을 가지고 살았던 파리 근교 지베르니의 정원을 살아생전 꼭 한 번만이라도 가 보고 싶어진다. 한 가지의 테마 '수련'을 그토록 많은 작품으로 연작을 창조해 낸 그의 열정을 더욱 가까이 느껴보고 싶어진다. 노년에 악화한 백내장으로 더는 그림을 그릴 수 없을 때도 붓을 놓아버리지 못한 집념은 결코 아무나 흉내 낼 수 없으리. 이 작은 나의 소박한 꿈으로 감히 어디 20세기를 풍미한 천재 화가를 떠올리는지 부끄럽다.

그래도 나는 꿈을 꾼다. 6월은 언제나 나를 그렇게 꿈 많은 소녀로 만든다. 단 2분이면 오르내리는 계단 위에서도 나는 몽상가가 되곤 한다. 오늘도 병원의 진료를 마치고 조금 더 나아진 건강에 감사드리며 작은 정원의 쉼터를 찾는다. 비치파라솔이 우리 차지가 아니어도 좋다. 풀밭에 주저앉아 먼 하늘가를 바라본다. 저 구름 흘러가는 곳으로… 센강변이라도 좋고 프로방스의 작은 마을이라도 행복할 것 같다.

따뜻한 카페오레를 주문하여 둘이 나란히 앉아 마실 수 있는 건강한 오늘 하루가 감사하다.

향기로운 유월이 작은 정원에 가득하다.

4

차가운 머리와 따뜻한 가슴으로

봄날이 간다

황사가 온다더니 웬일로 하늘이 맑다. 내일 날씨는 또 어떨지 가늠할 수가 없다. 그래도 봄은 와서 온갖 꽃들이 피어나니 귀한 햇빛이라도 쬐려고 산책을 나선다. 괜히 목련꽃 그늘을 서성이고 그 아래 무리 지어 피어나는 제비꽃들에 인사를 한다. 목련꽃 봉오리가 화포에 쌓여 긴 겨울을 이겨내던 때가 엊그제 아닌가. 구름처럼 피어나던 벚나무는 어느새 꽃 진 자리마다 새잎이 나고 꽃비도 이젠 끝물인 듯 파르르 떨며 휘날린다. 열흘 붉은 꽃 없다더니 봄날은 참으로 빨리도 간다.

내친김에 집에서 그리 멀지 않은 효창공원으로 올라간다. 가파른 언덕길이 힘에 부치지만, 몸은 쓰고 움직여야 굳지 않을 테니 무딘 발걸음을 옮긴다. 공원으로 질러가는 이웃 아파트 단지에도 꽃 잔치가 열렸다. 다홍색 명자나무와 휘늘어진 황매가 호들갑을 떨며 맞아준다. 어디선지 흩날리는 향기가 코를 벌름거리게 한다. 곧 오월이 되니 라일락이 피었나 두리번거린다. 영산홍에 철쭉도 날 보라고 손짓을 한다. 남쪽에 꽃놀이 간 친구가 보낸 소식처럼 너도 피고 나도 피고 온 세상이 꽃 천지라더니 여기라고 못 할 바 없다. 문득 떠오르는 설총의 「화왕계(花王戒)」 생각에 양지쪽 어딘가에 고개 숙인 할미꽃 한 송이 없나 멈추어 선다. 통일신라 시대 원효대사의 아들인 설총(薛聰)은 한자의 음과 뜻을 빌려 우리말을 적은 표기법인 이두(吏讀)를 정리하고 집대성한 문장가이자 현인이다. 「화왕계」는 그가 활약하던 당대의 신문왕에게 전한 충정의 글로 임금으로서 경계해야 할 본분인 향락을 멀리하고 도덕을 지키며 충신과 간신을 가려서 택할 것을 꽃 세상에 비유하여 진언한 우화 형식의 글이다.

꽃 세상의 임금인 모란이 피어난 봄날 대궐에는 큰 잔치가 열렸다. 잔치에 참석하려고 각처에서 모여든 꽃 손님들의 이야기로 엮어진 설화는 그 시대나 오늘날의 인간 세상이나 비슷하게 적용되는 지혜의 스토리텔링이다. 온갖 꽃 중에서도 유난히 눈에 띄게 아름다운 장미라는 꽃에 임금의 시선이 머문다. 붉고 탐스러운 꽃잎으로 치장한 그녀는 몽환적인 향기를 풍기며 임금에게 나아가 절한다. 교언영색(巧言令色)으로 다가서는 그 자태가 얼마나 아름다웠으랴.

"이 몸은 맑은 바람과 이슬을 먹고 자라난 장미라 하옵니다. 전하의 높은 덕을 듣고자 찾아왔사온데 오늘 밤 소녀가 임금님을 모시고자 하오니 저의 향기를 받아 주시겠나이까?"

옥구슬이 구르는 듯한 장미의 말에 임금은 희색이 만면하여 웃음을 흘린다. 바로 그때 낡은 베옷을 입고 지팡이를 짚은 백발의 노인이 굼뜬 동작으로 걸어 나와 임금님께 공손히 허리를 굽히며 아뢴다.

"전하, 저는 멀리서 온 보잘것없는 나그네로 백두옹(白頭翁), 할미꽃이라 하옵니다. 황량한 들판에서 어렵게 지내왔습니다. 오늘 임금님의 잔치를 보니 산해진미와 향기로운 차와 술이 가득합니다. 전하의 옥체를 강건히 하는 좋은 음식과 술도 중요하지만, 저의 베보자기에 쌓여있는 약초를 올리면 어떻겠습니까? 그동안 몸에 밴 독을 빼내어 맑은 정신을 찾게 해 드림도 좋을 듯하옵니다."

장미꽃의 아름다운 자태와 할미꽃의 곡진한 지혜의 말을 견주며 왕은 묻는다.

"노장의 충언을 따르자니 가인의 향기가 너무도 아름답도다. 둘 중의 하나를 택하려니 심히 어렵구나. 어찌할꼬."

노장은 용기를 내어 한 발 더 앞으로 나선다.

"전하의 영민함과 사리를 판단하는 능력을 이미 듣고 왔사옵니다만 지금 전하의 모습을 뵈니 몹시 걱정됩니다. 정직하고 충성스러운 신하를 멀리하고 간사하고 아첨하는 자를 가까이하게 되면 아니 되옵니다. 부디, 현명한 선택을 하옵소서."

꽃 임금인 모란은 마침내 노장의 충언을 듣고 뉘우치며 깨달았다는 먼 옛날의 우화를 떠올리며 천천히 다시 고갯길을 넘어간다. 효창원의 울창한 나무숲에도 봄이 와서 신록이 찬란하다. 산비탈에 피어난 진달래며 복숭아꽃이 눈부시고 숲 그늘 산책로에는 맥문동이며 제비꽃 애기똥풀까지 넓게도 퍼져있다. 이 언덕마루에도 꽃 잔치가 열려 구경꾼들이 넘쳐난다. 고된 몸과 마음을 치유한다며 숲을 찾는 사람들이다. 하지만 모두가 스스로 모란이며 장미인 양 고개를 쳐들고 팔을 휘저으며 숲길을 누비고 다닌다. 잠시 머무르며 녹음방초의 향기도 맡으면서 서로 교감하고 수백 년 묵은 이곳의 역사를 돌아보아도 좋으련만, 사람들은 내 몸 건강만 생각하며 앞으로 앞으로 숨 가쁘게 내닫는다. 후기 조선 왕조의 뒤안길은 물론 대한민국의 근현대사도 돌아볼 수 있는 효창원 숲에는 많은 이야기가 들어 있다. 홍역으로 겨우 다섯 살에 이승을 떠난 정조의 애지중지하던 큰아들 문효세자의 무덤자리는 어디쯤일까. 그리고 아들의 죽음을 애달파하다가 두 달 만에 그 뒤를 따라갔다는 후궁 의빈 성씨의 묫자리는…. 일제의 만행이 극에 달했을 때 왕가의 효창원은 파묘되어 서삼릉으로 옮겨지고 이 아름다운 능원을 군대의 병참기지로 삼았다는 끔찍한 사실이 너무도 가슴 아프지 않은가.

아기능이 있던 자리에서 발원하여 능개천이라고도 하는 실개천을 거슬러 올라가면 작은 우물이 있다. 세월 따라 산세도 바뀌고 수맥도 끊어진 것을 다시 살려서 그 주변에 생태연못이 조성되어 참으로 다행이다. 비가 오면 건수도 섞여 실개천이 흐르고 웅덩이마다 습지식물이 자란다. 창포가 무리 지어 잎이 무성하다. 이제 곧 어린 동궁마마의 모습인 양 금빛 꽃 대궁을 밀고 올라올 것이다. 꽃 천지 어딘가에는 고개 숙인 할미꽃 한 포기라도 있을 것 같아 다시 저만큼 햇살 좋은 언덕에 아기 마마가 누워 계셨을 곳을 올려다본다. 메마르고 어지러운 세상에, 저마다 장미꽃이고 모란꽃인 이 바쁘고 힘든 시대에 지혜와 겸양을 일러줄 백두옹이라도 어디 계시지 않을까….

짧은 봄 햇살은 어느새 기울고 봄날이 또 하루 간다.

발자국마다 어리네

"세자, 세자 저하!

이리 오시오. 얼마나 춥고 무서우셨소. 어서 이리 내 품에 와 안기시오."

바람결에 들려오는 애달픈 소리가 송림 사이로 삼백 년을 거슬러 올라간다. 꽃다운 나이의 의빈 성씨, 어린 아들을 졸지에 잃어버린 어미의 마음은 애간장이 타고 녹았으리. 오죽하면 그 어린 아들을 따라 사랑도 부귀영화도 다 버리고 이승을 떠났을까. 어른 걸음으로 백 보에 이웃한 서쪽 언덕에 묻혀서 동쪽에 홀로 누워있는 세자를 밤마다 부르지 않았을까. 긴 세월 엮어진 한이 동지섣달 세찬 바람에 몰아친다. 언 발을 꼬부리고 아장아장 걸어서 어두운 숲을 헤매다 어마마마 품에 안긴 세자는 통곡한다.

"어마마마, 어머니."

귀하게 얻은 손(孫)이어서 세자는 어린 나이에 왕세자로 봉해졌다. 그러나 안타깝게도 홍역 마마를 치르다가 세수 다섯을 넘기지 못하고 이승을 떠났다는 문효세자(文孝世子), 그는 조선 왕조 22대 정조대왕의 첫아들이다. 그의 가여운 넋이 서려 있는 묘원(墓園), 효창원(孝昌園)에는 오백 년 왕조의 애절한 이야기가 골짜기마다 숲길마다 어려 있는 듯하다. 왕조의 한가운데 있었던 할아버지 영조에 의한 아버지 사도의 죽음을 눈앞에서 겪은 아픈 상처를 딛고 이어받은 종묘사직을 지켜낸 정조대왕이 아니던가. 음력 오뉴월 폭염에 창경궁 대전 앞뜰에서 뒤주에 갇혀 세상을 떠난 아버지의 죽음을 숨도 못 쉬고 바라만 보았던 비운의 왕자를 누이처럼 지켜주며 사랑을 키웠던 의빈 성씨(宜嬪 姓氏)의 이야기는 혜경궁 홍씨(惠慶宮 洪氏)의 한중록(閑中錄) 행간에도 실려 있지 않을까 상상의 나래를 펼친다. 증조부 영조 대왕과 할아버지 사도의 맥을 이은 정조대왕의 위업을 대물림할 왕실의 기대와 꿈은 또 얼마나 원대했을까.

수백 년 동안의 발자국들이 오늘 현대 문명사회 속에서 이어져 간다. 조선이 멸망하고 온 삼천리 국토가 일본에 점령당하였을 때 이곳이라고 온전하였을까. 식민지를 주름잡은 총독부의 고관대작들은 신성한 왕실의 묘원을 파헤쳐 위락시설 및 골프장까지 지어 공원을 만들었다. 마침내 그들은 이곳을 태평양전쟁의 병참기지까지로 전락시켜 2차 대전의 끝까지 발악하며 유린했다. 드디어 패전을 얼마 앞두고 마지막으로 봉분 하나 남겨 두며 오욕을 겪게 했던 문효세자의 묘까지 서삼릉으로 이장시키고 말았다. 세월 따라 공원이 정비되고 항일과 나라의 독립을 위해 목숨 바친 애국선열들의 묘소와 백범 기념관이 세워졌다. 이곳을 방문하거나 산책을 하는 사람들에게도 곳곳에서 지나간 역사와 근현대사를 되돌아볼 수 있도록 안내판이 설치되어 있음에 다행스럽게 여겨진다.

자욱눈이 내리니 나목 사이로 새로운 길이 만들어진다. 앞서간 사람의 발자국은 뒤에 오는 사람의 이정표가 된다는 서산대사(西山大師)의 「답설(踏雪)」을 생각하며 선명하게 이어지는 발길을 따라 역사의 뒤안길을 따라가 본다. 정조대왕의 업적이 컸던 때문이었을까, 세자의 넋이 하도 가엾어서였을까. 궁에서 가까이 두고 자주 납시어 아들과 의빈 성씨를 추모했다던 왕의 애틋한 사랑의 발길이 곳곳에서 느껴진다. 다섯 살 터울로 아우를 보게 된 세자는 왕실의 총애를 한 몸에 받았지만, 그리 허망하게 돌아가시니 어미는 놀라고 힘들어 견딜 수 없었는지 또 다른 무슨 원인이 있었는지 지금 어느 누가 알랴. 곧이어 의빈 성씨는 만삭의 몸으로 이승을 떠나 저 서편 언덕에 묻혔다고 한다. 어미는 아들이 묻힌 동쪽을, 아들은 어미가 누워있는 서쪽을 바라보며 그리워하니 그 오가는 정이 얼마나 애틋했으면 저리 웅숭깊은 골짜기가 패였을까.

추위도 아랑곳없이 건강한 몸의 단련을 위해 걷기운동을 하는 사람 중에 맨발 걷기운동을 하는 특별한 분들을 알게 되었다. 흙의 기운을 온전히 받아들이자는 뜻으로 뭉친 몇몇 여인들의 결기가 무섭다. 추워지면 신발을 신는다더니 눈이 내리고 부드럽던 흙이 단단하게 결빙이 되어도 여전히 맨발이다. 숲이 우거진 여름철에는 세자 묫자리의 활개 위 언덕에서 시원한 바람을 쐬며 걷다가 요즘은 장소를 옮겼나 보다. 우묵한 지형이 안온해 보이니 바람이 좀 덜할 것이다. 의빈 성씨의 묫자리 쪽인 서편으로 가는 백 보 걸음을 알까. 조금 더 가서 맞은편 언덕을 오르면 나의 어설픈 상상처럼 세자가 어머니를 부르며 찾아갔던 의빈 성씨의 묘소 자리를 떠올릴까. 왕실의 묘역을 함부로 파묘하여 이장시켰을 당시 후궁들의 묘소는 서삼릉 한쪽에 줄 세우듯 모아두었다고 한다. 세자의 어머니 또한 그 어느 구석에 쓸쓸히 모셔진 사실을 생각하면 수백 년 후인 지금도 참으로 안타깝다.

눈 위에 발자국을 내며 걸어가는 여인들과 반대로 나는 동쪽으로 간다. 못자리 활개 위쪽 언덕 위에서도 곳곳에 축축한 수맥이 느껴지는 까닭이 늘 궁금하다. 못자리에 수맥이라니… 삼백 년 전이면 조선 팔도에서 내로라하는 지관이 풍수를 살폈을 것이 아닌가. 언덕에서 동쪽으로 조금 더 내려가면 우물이 있다. 아무리 가물어도 샘이 그치지 않고 흰 눈이 쌓이는 삼동에도 얼지 않는 샘물이 솟아나 사람들은 예사롭지 않다고 한다. 어린 세자의 넘쳐흐르는 눈물일까. 몇백 년이 지나도 샘은 마르지 않고 흘러서 골짜기를 따라 곳곳에 작은 웅덩이들을 이룬다. 봄이 지나고 초여름이 되면 노란 봉오리를 터뜨리기 시작하여 온 골짜기 습지마다 촛불을 켠 듯 창포가 무리 지어 핀다. 그 옆에는 어머니 의빈 성씨의 노랑 저고리에 꼭 어울리는 분홍빛 치마처럼 병꽃도 피어난다. 열두 폭으로 어마마마의 붉은 치마가 펼쳐지면 세자의 외로움은 한동안 푸른 숲속에 감추어진다. 그것도 모르고 세상 사람들은 활갯짓하며 숲속을 휘젓고 다닐 것이다. 가여운 모자의 발걸음 소리가 역사 속에서 오고 가며 깊은 골짜기마다 어리는데….

서삼릉, 효창원(孝昌園)에 다녀오다

그날도 이렇게 더웠을까? 이백육십삼 년 전 윤오월 스무하루. 복중 무더위 속에 작열하는 태양은 정수리에 꽂히고 바람 한 점 없었다. 개미 한 마리 얼씬 못할 삼엄함 속에 마당 한가운데 서 있던 뒤주 속 사도세자는 여드레 만에 운명했다고 한다. 고요와 적막이 감돌았을 창경궁 휘령전(徽寧殿) 앞뜰, 조선 왕국 오백 년에 전무후무한 끔찍스러운 임오화변(壬午禍變)을 이 여름의 유난한 더위 속에 떠올린다. 아바마마의 죽음 앞에 말을 잃은 열한 살의 왕세손 이산(李祘)과 어마마마 혜경궁 홍씨의 오그라진 가슴을 그 무엇에 비견하리. 여름이 시작된다는 소서(小暑) 더위가 아무리 뜨거운들 그날의 참혹함만 할까.

오늘은 수필 교실의 야외 수업으로 서울 근교 고양시에 소재한 서삼릉 효창원을 참배하는 문화 탐방의 시간이다. 수필가로 등단한 문우를 축하하는 모임을 겸한 점심 식사가 너무 길었나 보다. 한낮의 햇볕이 무척 뜨거웠지만 우리는 말 없이 숙연하게 숲 사이로 난 긴 길을 한참이나 걸었다. 원래는 한양 서쪽에 있는 3기(基)의 능(陵)을 고양(高陽) 서삼릉(西三陵)이라 했다. 조선 11대 중종의 왕비인 장경왕후가 묻혀있는 희릉(禧陵)과 12대 인종과 인성왕후의 효릉(孝陵), 25대 철종과 철인황후의 예릉(睿陵)을 일컬으며 유네스코 세계 문화유산으로 등재된 왕릉이다.

훗날 인조의 아들인 소현세자가 청나라에 볼모로 끌려갔다가 돌아와서 의문의 죽음을 당한 그 비운의 왕세자가 묻힌 소경원(昭慶園)과 연산군의 생모인 폐비 윤씨의 무덤인 회묘(懷墓)를 비롯하여 왕세자나 후궁들의 묘원이 있다. 어디 그뿐이던가. 왕실 자손의 태(胎)를 봉안한 장소로 전국의 명당에 산재해 있던 왕실 가족의 태실(胎室)까지도 한데 모아서 줄줄이 열병하듯 세워둔 입구의 안내도를 보며 경악했다. 멀리 신라 시대부터 유래했다는 장태문화(藏胎文化)를 휘저어 놓은 민족의 한(恨)이며 시대의 아픔에 가슴 한구석이 붉게 달구어지는 듯 울컥했다.

오늘 여기 온 뜻은 일제 강점기에 서울 용산에서 이곳 고양으로 이장(移葬)해 모신 문효세자(文孝世子)의 효창원(孝昌園)을 참배하는 데 있다. 식민지 조선을 관할하던 총독부의 고관대작들은 왕실 묘역을 파헤쳐서 위락시설과 골프장까지 곁들인 공원을 만들었다. 태평양 전쟁 말기에는 신성한 왕실의 능원(陵園)을 무참하게 병참기지로 전락시키고 왕세자의 효창원도 파묘(破墓)되어 서삼릉으로 옮겨졌다. 조선의 르네상스를 온전히 이룩하려 했던 22대 정조대왕 그가 누구인가. 할아버지 영조에게 무참히 살해된 사도세자의 아들로서 수많은 정적 틈에서도 살아남지 않았던가. 그런 그에게 비록 궁녀였지만 어린 시절 오누이처럼 의지하고 사랑했던 여인 의빈(宜嬪) 성씨가 낳아준 첫아들이 얼마나 귀하고 보배로웠을까. 그러나 금지옥엽(金枝玉葉) 왕세자는 다섯 살 어린 나이에 홍역마마로 이승을 떠났으니 하늘의 뜻을 어이하리. 슬픔을 달래며 자주 찾아볼 수 있도록 대궐에서 가까운 애오개 너머 용산 자락에 눕힌 지 얼마 후 만삭의 의빈마저 의문사로 아들을 따라갔으니 그 애통함이 오죽했으랴.

어미의 유언대로 백 걸음 사이를 두고 묻힌 모자는 이백여 년을 그렇게 누워 있었다. 서로의 넋을 기리던 슬픈 이야기는 날마다 밤마다 눈물처럼 흘러서 냇물을 이루어 한강에 이르렀다 한다. 오늘날에도 효창공원 동문 아래 애기능 샘(泉)에는 가뭄을 잊은 듯 작은 샘물이 솟는다. 물은 흘러내려 작은 소(沼)가 되고 슬픔이 고인 웅덩이마다 오월이면 노란 창포가 피어나서 꽃 대궐이 된다. 복사꽃 흐드러지게 피어나면 이어서 하얀 찔레꽃 향기가 골짜기에 그윽하다. 부들이며 개구리밥, 노랑어리연꽃, 애기수

련 등 어여쁜 수생식물이 가득한 작은 연못은 얼마나 유정한 풍경인지 슬프고 아름다운 옛이야기가 오늘도 문득 떠오른다.

문효세자의 효창원 가는 길은 제법 멀어서 뙤약볕 아래 한참을 더 걸었다. 입구의 안내도 앞에서 회원들에게 이미 설명했건만 무참하게도 이장을 당하게 되었던 까닭을 되뇌었다. 그 옛날 용산 효창원에는 번듯한 홍살문(紅箭門)도 세워져 있었을 테고 왕세자였던 어린 아들의 영령을 위해 온 정성을 다해 묘원을 조성하지 않았겠는가. 숲길이 다한 곳에 동그마니 서 있는 정자각이 우리를 맞는다. 왼편으로는 신도비(神道碑)가 우뚝 서 있어 예사롭게 보이지 않았다. 아바마마인 정조가 슬픔을 참으며 친히 비문을 썼다는데 그 곡진한 사연을 어찌 다 알아볼 수 있으리. 봉분이 있는 언덕을 향해 한편으로 비스듬히 난 돌계단을 올라갔다. 어린 세자의 모습처럼 조촐한 봉분 앞에는 문인석(文人石)과 장명등(長明燈)까지 모양을 갖추어 세워 놓았지만 몇 발자국 가까이 다가갈 수도 없게 막혀있었다. 허리 굽혀 참배하며 절을 할 공간도 넉넉지 않았다. 조선왕조의 능원(陵園)은 그 역사와 전통이며 규모가 대단하여 세계문화유산으로 지정되었건만 오늘의 이곳 효창원은 많은 부분에서 아쉽고 안타까워 돌아오는 길은 쓸쓸함과 비애가 뒤섞인 기분이다.

마침 내년에는 우리나라에서 유네스코 세계유산위원회가 개최된다고 한다. 의장국으로 대회 진행을 위한 임무와 역할도 크겠지만 세계문화유산의 등재뿐만 아니라 보존과 보호에 관한 제반 협약이 잘 이루어졌으면 좋겠다. 이미 등재된 문화유산이라도 역사적인 고증(考證)과 함께 올바르게 보호되고 우리의 오랜 문화유산이 지구촌 온 세상에 바로 잘 알려지기를 염원하며 기도한다.

'문효세자(文孝世子)의 넋이시여 도와주소서.

아버지 이산(李祘), 정조(正祖)의 꿈을 온전히 이루고 염천폭양(炎天曝陽)에 뒤주 속에서 운명하신 할아버지의 한을 달래주소서. 우리 민족의 한(限)과 흥(興)이 어우러져 오천 년 내려온 민족의 중흥과 발전을 위하여 빌어주소서.'

몸은 고양(高陽)에 묻히셨으나 넋은 용산에 계실 듯한 세자마마께 하직을 고한다. 가을 햇살 밝은 어느 날 다시 찾아뵙고 애타는 마음으로 아바마마 정조가 친히 써 내려간 호곡(號哭)의 비문을 다시 찬찬히 읽어보리라.

신토불이(身土不二) 유감(有感)

한겨울에 딸기가 한창이다. 엄동설한의 딸기 수확, 그것은 한때 나의 로망이기도 했다. 흰 눈을 밟고 오신 귀한 손님께 따뜻한 차와 함께 한 접시의 달콤함을 대접하는 것은 사치였을까 허황한 꿈이었을까. 원예를 전공한 농학도로서 자그마한 온실 하나쯤은 거실이나 주방에 붙여서 꾸밀 수도 있었을 세월이 저만큼 멀다. 스스로 키운 신선한 야채를 겨우내 식탁에 올릴 수 있는 작은 남새밭은 얼마나 빛났을까. 꽃이 귀한 동절에 아마릴리스의 정열을 피워내고 싶기도 했고, 부겐빌레아가 휘늘어진 온실 한구석엔 레이스 식탁보를 덮은 아름다운 티타임도 있었겠다. 꿈은 이루어진다던데 언제일까 그날은….

젊은 날의 간절하던 소망은 어느새 아무렇지도 않은 일상이 되었다. 지구촌의 온갖 열대과일이 진열된 대형마트의 과일 코너에 서면 오히려 혼란스럽다. 과유불급이라더니… 딸기 옆에는 참외 수박도 진열되어 벌써 삼복을 이겨낼 듯 신토불이를 외친다. 밖에는 영하의 날씨, 체감온도는 마이너스 이십 도가 넘는다고 아우성치는데 바다 건너온 과일들은 남국의 향기로 소비자를 유혹한다. 머나먼 중남미의 열대 지역도 부쩍 가까워져서 동남아에만 의존하던 수입 물량을 넘어선다. 서로 어울려 살아가야 하는 국제 질서는 상호 간의 경제발전과 무역구조를 통해 빠르게 변화하고 있다. 언제 신토불이라는 단어가 있었던가 싶도록 먹거리 수급에 관한 개념이 달라지고 있다. 신토불이, 몸과 태어난 땅은 하나이므로 같은 땅에서 산출된 농산물이라야 체질에 잘 맞는다는 뜻이다. 거슬러 올라가면 허준의 동의보감에도 그 정신이 들어있다고 한다. 몸과 땅을 뜻하는 신과 토에 불교에서의 불이 사상을 더한 이상적인 개념이지만, 그 단어의 사용을 누가 먼저 했느냐는 웃지 못할 이야기도 있다.

혹자는 그 어원이 일본의 식양회(食養會)에서 유래되었다고 한다. 1907년 일본 육군 약제감 이시즈카(石塚)는 식사를 통해 건강을 지키자는 취지에서 '자기 고장의 식품을 먹으면 몸에 좋고 남의 고장 것은 나쁘다'는 의미로 썼다고 한다. 메이지유신 이후 서구 열강과 어깨를 겨누며 탈아시아를 부르짖던 일본, 을사늑약의 만행을 저지른 즈음에 결성된 모임이라는 것이 안타깝다. 삼천리 금수강산의 옥토에서 생산된 금싸라기 같은 우리 쌀을 수탈하여 현해탄 너머로 실어 갔던 그들이 아닌가. 거의 일 백 년이 지난 1986년 우루과이 라운드 협상의 시작으로부터 세계무역기구가 설립되기까지 세상은 많이 변화되었다. 초국적 자본에 의한 세계 경제 질서에 따른 시장개방은 우리의 식탁마저 세계화해야 했다. 언제까지 우리 농산물만 주장하며 빗장을 걸고 살 수는 없지 않은가. 당시 농협의 한호선 회장은 우리 농산물 애용운동을 대대적으로 전개하면서 신토불이라는 단어를 이용한 캠페인을 벌였다. 이에 일본의 식양회는 저희만 쓰는 단어와 개념인 듯 신토불이가 한국에서 우리 농산물 애용 캠페인으로 사용되는 것을 불쾌하게 여겼다 한다. 사람의 몸에는 그가 사는 지역에서 생산되는 농산물이 좋다는 것은 너무도 당연한 이치가 아닌가. 어원을 따지고 그 말을 먼저 사용한 단체를 따라 나라 간의 불편한 상황까지 유발하는 일은 실로 유감이다.

한편 21세기 초반부터 전 세계적으로 전개되고 있는 로컬 푸드(local food) 운동도 주목해야 할 개념이다. 인간이 삶을 영위하기 위해서는 자신이 살고 있거나 반경 50km 이내에서 생산되어 장거리 운송을 거치지 않은 안전하고 질 좋은 먹거리를 취하자는 운동이 생겨났다. 이 또한 농경사회에서나 가능할 신토불이의 개념이 아니겠는가. 생산자와 소비자를 직접 연결하여 직거래하는 갖가지의 유통 혁신이 이루어지지만, 그것은 소규모의 해결책일 뿐이다. 우리가 믿고 먹을 수 있는 농산물이 세계 경제와 산업구조에 맞물려서 야기되는 제반 문제는 날로 심각해진다. 실제로 신토불이만을 고집할 수 없도록 세계는 하나로 연결되어 움직인다. 교통수단의 발달, 무역과 유통구조의 혁신, 경제와 정치 상황에 따라 시시각각 변화한다. 앞으로 우리는 어떻게 농수산물을 사 먹어야 할지 가볍게 넘길 일이 아니다.

또 하나의 먹을거리에 대한 개념인 푸드 마일리지(Food Mileage)가 있다. 농산물이나 식품이 생산자에서 소비자에게 이르는 거리를 뜻하는 푸드 마일을 줄여서 탄소 배출량이 적은 먹거리를 취하려는 개념이다. 1994년 영국의 환경운동가인 팀 랭(Tim Lang)이 처음 사용하였는데, 산업화에 따른 생산자와 소비자의 거리에서 발생하는 제반 문제를 다룬 개념이다. 푸드 마일리지가 가까우면 유통경로가 짧음으로 환경에 나쁜 영향을 주는 탄소 배출량이 적게 된다. 이와 반대로 머나먼 중남미나 아프리카에서 오는 식품을 생각해 보자. 상대적으로 길어지는 푸드 마일은 탄소 배출량이 많아짐은 물론 식품의 신선도나 안전성도 떨어진다. 장기간

수송에서 식품의 변질을 막기 위한 각종 화학물질의 사용은 물론이요, 기후변화에 큰 영향을 주는 탄소 배출량은 막대하다. 농산물 유통에 따른 푸드 마일은 농산물의 중량과 운송 거리를 곱한 값을 사용한다. 가령 농산물 10t을 수입하여 1000km를 이동했다면 그 푸드 마일은 10,000tkm가 된다. 엄청난 거리의 수송을 위해 항공기나 선박의 유류 소비와 그에 다른 탄소 배출량은 가히 천문학적이다.

캘리포니아산 오렌지가 넘쳐난다. 칠레산 포도에 이스라엘의 토마토, 동남아에서 온 망고와 두리안도 향내를 물씬 풍긴다. 과일뿐인가. 생선도, 고기도, 항공으로 당일 직송한 태국산 새우며 주꾸미도 입맛을 당긴다. 문득 하나하나의 과일과 생선의 푸드 마일을 생각하면 가던 손이 멈추게 된다. 결국 로컬 푸드가 신토불이와 통하고 이는 곧 푸드 마일리지와 연결된다. 엄동설한에 참외 수박을 길러내고 딸기를 생산하는 농가 수입과 시설재배용 기름을 태워 나오는 탄소 배출량은 어떻게 저울질해야 할 것인가. 갈등은 잠시, 제철보다 붉은 딸기의 달콤한 유혹을 뿌리치지 못한다.

신토불이, 바야흐로 이 시대에 어긋나는 개념을 중화시킬 건강한 먹거리는 어디서 어떻게 구할 수 있을까.

소금 이야기

김장철이 다가온다. 마트에 들른 김에 엊그제 뉴스를 생각하며 천일염 5킬로 포장을 카트에 담는다. 그런데 가격이 놀랍다. 다시 보아도 쌀 5킬로의 값과 같다. 소금값이 뛴다더니 역시 맞나 보다. 비싼 장바구니 물가는 어제오늘 이야기도 아니고 온 지구촌의 먹거리 문제가 점점 더 심각해진다는 소식도 여전하다. 그런데 나는 오늘 농경시대 사람처럼 쌀값이 소금값과 같다는 의미를 다시금 새겨보고 있다. 헛간 한구석에 쟁여 놓고 저절로 간수가 빠지도록 묵혀서 쓰던 흔한 광물질이 아니라 귀한 식품으로 격이 높아지고 있다. 예년에 비해 세 배 이상 뛰었다고 한다. 음식에 간을 맞추고 맛을 내주는 천일염 구하기가 점점 더 어려워진다면 정말 유감이다. 갈수록 염전이 줄어든다고 한다. 서남해안 신안군에는 이미 반 이상의 소금밭이 없어졌다고 한다. 고령의 어르신들이 농촌을 지키듯이 염전의 일은 더욱더 어렵다. 바닷물을 가두어 햇빛과 바람에 말리고 졸여서 빛나는 천일염을 만드는 과정이 얼마나 힘들고 고될까. 농부가 쌀을 거둘 때까지 여든여덟 번을 허리 굽히며 일을 하는데 비유해서 88세를 미수(米壽)라 하듯이 염전에서의 일생은 더욱더 거칠고 각박할 것이다. 해풍과 폭염에 검붉게 타는 세월이다. 날마다 청명한 날씨도 아니어서 하늘 한 번 보고 소금밭 한 번 쓸며 늘 조바심이다. 장마가 지거나 해일이 몰려와서 가두어 놓은 소금밭을 단번에 쓸어 가기도 한다. 그래도 피땀 흘리며 오랜 세월 일구어 온 삶의 터전을 버리고 하나둘 떠난다는 소식이 마냥 안타깝기만 하다. 힘든 일을 피하여 살기 좋은 도회지로 떠나는 것만은 아니다. 젊은 일손 구하기가 힘든 데다 태양광 에너지라는 새로운 테마가 서서히 염전을 덮어가고 있다. 늙은 육신은 하루하루 더 꾸부정해지는데 비싼 세를 받고 밭을 빌려 달라는 업자의 귓속말이 달콤하기만 하다. '징허게' 힘들었던 소금밭을 이제는 그만 내놓아야 할까 보다. 일을 안 해도 돈이 들어온다는데….

더 큰 문제가 밀려오고 있다. 후쿠시마 원전에서 발생하는 오염수의 방출이다. 2011년 봄 일본 센다이 지역 앞바다의 대지진과 쓰나미로 인한 후쿠시마 원자력발전소에서 발생한 사고는 아직도 진행되는 대재앙이다. 당시에 침수된 발전소는 냉각시스템이 파손되고 핵연료 용융과 수소 폭발로 이어져서 엄청난 양의 방사성 물질이 유출되었다. 냉각수 대신 뿌린 바닷물이 방사성 물질을 머금은 오염수로 누출된 이 사고는 구소련의 체르노빌 사고에 버금가는 등급이라고도 한다. 이것이 어디 일본 자국만의 문제인가. 일본의 입장은 피해가 발생하지 않은 원전의 냉각 기능이 회복되어 안정적이라고 해명을 하지만 태평양으로 퍼져나가는 방사성 오염수 처리 및 오염된 토양의 정화는 앞으로도 수십 년이 걸린다고 한다. 바로 이웃 나라인 우리 해안으로 밀려오고 쓸려나가는 바닷물은 벌써 얼마나 많이 지구를 돌고 돌았을까. 사고 후 십 년이 흘렀다. 이제 일본은 그 무서운 후쿠시마 원전 오염수를 해양으로 방류할 계획을 발표하고 있다. 소금값이 올라가는 또 하나의 까닭이다.

돈 가진 사람이 돈을 더 벌게 된다던가. 이 보석 같은 소금 장사를 중국이 놓칠까. 어느새 소금의 매점매석이 공공연하다고 한다. 미곡이나 두류 등의 식량을 미국은 물론 강대국들이 앞서서 확보해 두고 비싸게 되파는 것은 이미 잘 알려진 일이다. 미래의 먹거리 전쟁도 두렵지만 생각지도 못했던 소금값까지 뛰는 사실에 긴장하게 된다. 값싼 수입산 소금이나 공장에서 만들어지는 정제된 화학 소금으로 살아갈 수도 있다. 하지만 우리 서해의 감칠맛 나는 그 맛과 질은 아닐 것이다. 중국에서 잡은 조기라도 영광 앞 바닷물에 슬쩍 담갔다만 말려도 굴비 맛이 난다는 서해가 아닌가. 광천 앞바다의 짭짤한 바닷물에 배추를 절이던 청정한 시대도 있었고 서산의 어리굴젓은 나랏님께 진상품일 정도로 쫄깃한 맛이어서 아직도 귀한 대접을 받는다. 밀물 썰물 드나드는 우리나라 서남해안의 천혜의 리아스식 해안은 지구상에서도 보기 드문 특별한 지형이다. 조석간만의 차이가 큰 넓은 갯벌의 바다 농장에는 밀물과 썰물에 실려 오가며 숱한 해양 생명이 살아가는데 더없이 좋은 환경이라고 한다. 그 바닷물로 만들어지는 짭짤하고도 달착지근한 결정체 우리 바다 서해안의 천일염이 날로 귀해진다니 참으로 안타깝다.

어느새 수입산 암염은 예쁜 유리병에 담겨 선물세트로 오가며 식탁을 장식하고 있다. 히말라야에서 온 핑크 소금에 중남미 안데스 소금도 있다. 암염의 주생산지였던 유럽이나 세계 각처의 관광지에서 소금 광산을 견학하며 사 오는 작은 선물들도 많이 보인다. 우리에게 중요한 소금은 성분도 잘 모르는 턱없이 비싼 수입 소금이 아니다. 간장 된장 고추장에 김장을 담가 먹는 우리 식생활 전반에 필요한 기본 식품이다. 곡물과 야채와 과일, 생선과 고기를 먹듯이 소금은 우리 몸에 절대적으로 필요한 미네랄 성분이다. 넘치지도 모자라지도 않는 양이 지속해서 혈관을 타고 돌아야 건강을 유지할 수 있는 소중한 물질이다. 암염이나 정제 화학 소금을 많이 섭취할 때 갑상샘 호르몬 이상을 유발한다는 연구 결과도 있다니 심각한 현상이다. 현대생활에서 에너지의 필요성은 누구나 아는 항목 제일의 테마이다. 그러나 하늘이 내려주는 청정지역의 소금밭을 덮어버리는 태양광 에너지 공장은 다시 생각해 볼 일이 아닌가 싶다.

하늘이 공으로 주는 바닷물과 햇빛과 바람을 절대로 외면하지 말자. 조금만 더 합리적인 생산방식을 고안하며 천일염 산업의 쇠퇴를 막고 염전의 젊은 인력을 대를 이어가는 장인으로 키울 수는 없을까. 전북 부안군의 곰소염전은 4대째 가업으로 이어지며 70여 년을 전통방식으로 소금을 생산하여 국가 중요어업유산으로 지정되었다는데 이를 롤모델로 삼으면 어떨까. 오월 바람을 타고 송홧가루가 내려올 때 만들어진 소금은 '곰소'의 특산물이라지 않은가. 관광자원으로도 큰 수입이 되고 자라나는 세대를 위한 자연체험학습장으로도 훌륭하게 여겨진다.

보석처럼 빛나는 하얀 결정체, 신토불이의 천일염으로 우리들의 건강을 지키고 싶다. 그뿐이랴. 리아스식 서남해안 청정한 신안 지역의 'K-salt'를 특화시키면 전 세계로 수출되는 값비싼 독점(獨占)의 효도상품이 되지 않을까. 꿈은 이루어진다고 하는데….

학자수(學者樹)에 꽃이 피면

칠월에 장마가 지려나 보다. 초하루부터 사흘 내내 비가 쏟아진다. 좀 맑아지려나 하늘을 보면 어느새 검은 구름이 앞 동네를 덮고 이내 장대비가 퍼붓는다. 오늘도 햇빛 나기는 힘들겠다. 서둘러 와우산 자락 광흥당(廣興當)으로 달려가는 마음이 조급해진다. 회화나무에 정말 꽃이 피어날까. 이끼 낀 고목의 꽃소식을 궁금해하시는 M 작가님의 안부만큼이나 궁금한 마음에 비를 마다않고 나섰다. 칠팔월 한여름에 피는 귀한 꽃을 만나러 가는데 때 없이 쏟아지는 소나기가 두려우랴.

지난 사월에는 '꽃피는 봄날 작가와의 만남'이라는 주제로 아담한 행사를 마련했다. 마포문화원 교육장인 전통한옥 광흥당에서 열린 수필교실의 작은 잔치라고나 할까. 강사로 모셨던 M 선생님께서는 그날의 행사 분위기에 매료되어 소중한 추억으로 여기시며 이따금 다정한 문자를 주신다. 작가의 삶과 수필 쓰기에 대한 진솔한 이야기를 나누며 선생님의 대표수필 낭독에 이은 참석 수필가들의 질문 등 알토란 같은 시간을 가졌다. 육간대청에 앉아서 서안(書案)으로 쓰던 각자의 상(床)에 정갈하게 준비한 도시락을 점심으로 먹으며 즐거운 하루를 보냈다. 봄날의 햇살처럼, 목을 간질이는 바람처럼 기분 좋은 시간과 공간을 함께한 행복감은 모두에게 흐뭇한 추억이 되었으리라. 그래도 세월이 가면 시나브로 잊히려니 생각했는데 수필교실의 자랑 L 작가님께서 특별한 선물을 마련해주셨다. 그날따라 왠지 동분서주 바쁘시더니 예쁜 동영상까지 편집을 해주시다니 참으로 고맙다. 그 모든 것이 좋은 인연으로 맺어진 광흥당에서의 만남에서 비롯되었으니 어찌 이따금 그곳이 그립지 않을까.

비를 맞으며 돌계단을 오르는데 빗물에 떠내려가는 꽃잎들이 처연하다. 고개를 들어 이끼 낀 고목의 꼭대기까지 바라보아도 푸른 잎만 무성하지 꽃송이는 보이지 않는다. 빗물에 떠내려가는 낙화(落花), 왠지 허망해지는 마음은 무슨 연유일까.

공민왕과 노국대장공주 그리고 마지막까지 고려를 지키려던 최영 장군의 영정까지 모셔진 사당을 지켜온 노거수(老巨樹) 아래 선다. 나무의 정령을 나는 믿는다. 고려가 무너지고 조선이 개국

하여 도읍을 한양으로 옮긴 후 왕실의 녹봉(祿俸)을 저장해 두던 광흥창이 있던 역사가 아닌가. 때 없이 일어나는 화마(火魔)를 지켜주리라던 공민왕의 현몽(現夢)을 받들어 그 혼백을 오늘날에도 모시고 있으니 신령스러움에 때마다 옷깃을 여미게 된다. 수령(樹齡) 이백 년이 가까운 이 나무를 학자수, 선비나무라고도 한다는 말씀을 드리니 선생님은 무척 궁금해하셨다. 연노랑으로 꽃송이가 아주 탐스럽게 핀다고 너무 자랑을 많이 했나? 나무 이름도 그렇지만 한여름에 정말 꽃이 피어날지 어떤 꽃이 필까 은근히 기다리셨나 보다. 그런데 이렇게 장마가 계속되니 꽃이 제대로 필까 덩달아 걱정되어 며칠마다 둘러보곤 한다.

회화나무는 우리나라 중국 일본에 분포해 자라는 낙엽성 활엽교목으로 괴목(槐木)이나 신목(神木)으로도 불리며 영어로는 학자수(Chineses Scholar Tree), 선비나무로도 알려져 있다. 옛날에는 궁궐이나 서원, 향교나 문묘와 지체 높은 양반집에나 심었다. 이 나무를 심으면 집안에 훌륭한 선비나 큰 인물이 나오고 부귀영화를 누리게 된다 하여 길상목(吉祥木)으로 불리기도 하였다. 전설에 의하면 어느 양반 고을에 심겨진 학자수에 유난히도 찬란하게 꽃이 피어나더란다. 온 마을 사람들이 기다림에 부풀어 있었을 때 장원급제한 고을의 아들이 머리에 어사화(御史花)를 꽂고

금의환향했다고 하니 상서로운 나무임에 틀림이 없으렷다. 오래된 성목은 귀한 목재로 쓰이고 꽃과 잎은 한약재로 고혈압이나 동맥경화 치료에 좋다고 한다. 나무 아래에 서 있기만 하여도 머리가 맑아지고 총명해진다는 이야기는 과장일까. 오늘날에도 교정에 심겨서 한창 자라나는 청소년들의 꿈나무가 되어 교목(校木)으로 정한 고등학교도 있다. 근래에는 곳곳에 가로수로 식재되어 아름다운 수형은 물론 꽃이 귀한 한여름에 풍성한 꽃과 푸르른 잎을 감상하는 거리가 늘어나고 있다니 도시미관이나 자연환경을 위해서 바람직한 현상이다.

칠월도 하순이 지나니 긴 장마도 이제는 끝이 나려나 보다.

아, 저기 저 꼭대기 비 그친 파란 하늘과 나뭇가지 사이로 연노랑의 꽃송이들이 하나둘 보인다. 하늘 높이 노란 꽃등이 수관(樹冠) 가득히 피어나리. 과거와 현대가 조화롭게 공존하며 광흥당을 품어 안고 있는 이 마을, 마포문화원에서는 해마다 시월 초하루에 공민왕 사당제를 모시고 집집마다 등불을 밝히며 정성을 모은다. 마을이 더욱 융성하고 가문과 나라를 빛낼 큰 인물이 태어나고 자라나기를 염원함이 아닐까. 이듬해 그다음 해에도 학자수(學者樹)에 찬란한 꽃들이 피어나기를 축원드리며….

왜 그랬을까 그는

그는 우리에게 너무도 친절하게 안내를 해주었다. 핸드폰의 검색 지도를 반대로 뒤집어서 우리의 입장에서 잘 볼 수 있도록 배려해가며 설명도 해주었다. 그래도 뭔가 아니었다. 분명 우리가 서 있는 K 빌딩 근처라고 알고 왔는데 그가 가르쳐주는 장소는 너무 멀었다. 이제는 됐다고 거절하는데도 어쩐 일인지 그는 우리 팔을 잡아당기며 정반대편 쪽으로 데리고 갔다.

“저기 길 건너 보이시죠? 큰 빌딩 바로 아래층에 찾으시는 베스킨라빈스가 있어요.”

그곳엘 가려면 건널목이 없으므로 지하도를 이용하시든지 G 호텔까지 가셔서 안전하게 건널목을 이용하시라고 한참을 소상하게 이야기도 해주었다.

이런 경우 내 말보다 남의 말을 잘 듣는 남편이 아닌가. 구시렁대는 늙은 마누라의 잔소리쯤은 익숙한 듯 지팡이를 휘저으며 길을 재촉하는 영감 뒤를 하릴없이 따른다. 여의도에서 몰아쳐 오는 강바람이 뺨을 때린다. 생각보다 먼 길이다. 다음에 다시 오자고 만류해도 어림없다. 아파트 단지로 걸어왔으면 벚꽃 구경도 하고 어쩌면 더 쉽게 찾았을 텐데. 이 꽃샘추위에 무슨 열불이 나서 아이스크림이라니… 계속 중얼거리며 뒤를 따른다. 건널목을 건너고 또 한참을 완전히 ㄷ 자형으로 걸었다. 그러나 젊은이가 가르쳐주던 높은 빌딩에는 아이스크림 집은커녕 작은 점포 하나 없다. 바람이 하도 거세어 입도 벌릴 수 없을 지경이다. 별 수 없이 지하철 입구의 엘리베이터를 타고 내려가 지하보도를 건너서 에스컬레이터를 타고 올라가는데 왠지 속았다는 느낌이다.

"봄바람은 임 죽은 바람이라더니 맞는 말이네."

"임이라니, 어디 사는 누군데?"

시치미를 떼고 의연한 듯하지만 남편도 이제는 좀 화가 난 듯하다. 새파랗게 질린 노부부는 완전히 장방형으로 먼 길을 돌아서 그 청년을 만났던 원점으로 돌아왔다.

무턱대고 길가 안경점 문을 열고 들어갔다. 두 노인이 들어오니 웬 고객인가 반가이 맞던 주인이 자초지종을 듣고 나서는 싱긋 웃는다. 함께 나가시자며 바로 옆 코너를 돌아가서 십여 미터만 가면 된다고 방향을 일러준다. 이번엔 속지 않을 것 같다는 안도감이 생긴 것은 왜일까. 어느새 그 차가운 강바람도 사라졌다. 아차 우리가 바람을 맞았는가 보다, 바로 조금 전 그 젊은이 그는 대체 왜 그랬을까 까닭을 모르겠다.

"여보, 잃어버린 것 없어요?"

갑자기 다급해져서 남편의 양쪽 바지 주머니를 만져 보고 나서야 한숨을 쉬었다.

"집에 갑시다. 오늘은 아무래도 날이 아니네."

대답도 않고 성큼성큼 걸어가는 할아버지 앞으로 저만큼 아이스크림 가게가 보인다.

선물 받은 쿠폰으로 아이스크림을 주문하고 햇빛 드는 유리창가에 앉았다.

문득 아주 오래전 일이 생각났다. 가난한 유학생 시절 모처럼 모교의 총장님께서 당시의 수도였던 본 대학 초청으로 오셨는데 전국에 흩어져 있던 동문이 모여 환영회를 주최하는 날이었다. 모두 어려운 형편이었지만 멀고 가까움을 가리지 않고 부모님 찾아뵙듯이 모인 날이었다. 우리도 기차를 타고 전철을 바꿔 타며 모임 장소인 코리아 레스토랑을 찾아가고 있었다. 저녁 무렵 거리에는 행인들도 드물어 마땅히 물어볼 사람도 없었는데 수호천사인 양 아주머니 한 분이 걸어오고 계셨다. 정중히 인사를 하며 우리의 목적지를 말하고 방향만 일러주시면 고맙겠다고 부탁했다. 만면에 웃음을 짓던 그분은 대뜸 안내를 해주겠다며 먼저 나서는 게 아닌가. 괜찮다고 대충 일러주시면 찾을 수 있다고 만류해도 아랑곳없이 앞서서 가신다. 한국 음식도 먹어 보았노라고 불고기며 비빔밥 등이 맛있었다고 칭찬까지 늘어놓는다. 대개 독일 사람들은 외국인들에게 그렇게 친절하지는 않은 데 하느님께서 천사를 보내주셨나 보다 감사를 하며 복잡한 길을 건너서 몇 블록을 함께 걸어갔다. 그분이 아니었으면 우리는 정말 어두워서야 도착했을 것이다. 아무런 사례도 못 하고 허리 굽혀 고맙다는 인사만 전한 그 아주머니가 총총히 걸어가는 길을 바라보며 우리는 정말 천사를 만났다고 믿었다.

그 일이 언제였던가. 사십 년쯤 전인 당시는 독일도 동서로 나뉘었던 분단국으로 냉전 시대의 상황이었다. 코리아라고 하면 남북으로 대치하고 있는 분단국이며 양차 대전보다 참혹했던 6·25 전쟁을 기억하고 한강의 기적을 이룬 나라라고 묻지 않아도 줄줄 이야기하는 독일인들과 함께 십 년 가까이 그곳에서 살았다. 배운 것도 깨달은 것도 많았던 세월이 흘렀고 다시 돌아와서 또 그 몇 배의 시간이 흘렀다. 눈부신 경제발전은 대한민국이 선진국으로의 도약을 가능하게 했고 IT 강국으로의 국제적 위상도 막강해졌다고 사람들은 어깨를 으쓱대기도 한다. 그러나 보이는 것이 다 참은 아니다. 거죽으로의 풍요가 아닌 우리 안에 내재한 진정한 자부심이 자존심이 있어야 하지 않을까. 남들은 아직도 우리들의 헐벗고 배고픈 시절을 이야기하고 전쟁의 포화 속에 울부짖던 고아들의 운명을 말한다. 오로지 우방을 돕기 위해 맹목적으로 참전하여 희생된 UN 16개국의 젊은이들을 우리가 잊으면 안 되는 것처럼 우리 자신의 가난하고 힘든 시절 또한 결코 잊으면 안 될 것이다.

그러나 세월 따라 세상이 많이 달라졌다. 어렵사리 찾은 베스킨라빈스에서 두 노인은 이가 시리게 찬 아이스크림을 조금씩 녹여 먹으며 가난했지만 따뜻한 옛날을 오래도록 회상했다. 벚꽃놀이하며 드시라고 선물 받은 쿠폰에 대한 답례할 이야기가 생겼다. 그런데 아직도 까닭을 알 수 없는 그 청년의 길 안내가 사뭇 궁금할 뿐이다. 정말 몰랐을까, 알고도 그랬을까. 왜 그랬을까 그는?

첫사랑, 눈 속에 가다

눈발이 휘날리기 시작했다. 저녁부터 밤새도록 쏟아진다는 일기예보에 때 없이 창밖을 내다보았다. 하릴없이 걱정 많은 늙은 가슴이 아닌가.

"김 거사가 저세상 갔다네."

거실 저쪽에서 들려오는 말을 믿을 수 없어 외마디로 반문한다.

"아니 뭐라고요?"

덜커덩 내려앉는 비보는 손바닥만 한 전화기에 실려 온 부음(訃音)이었다.

얼마 전 폐암 말기라는 친구의 황망한 소식을, 그것도 카톡으로 접하고 남편은 두어 번 안부 전화를 했을 뿐이다. 그때마다 아픈 모습을 보이고 싶지 않아 아무도 만나지 않는다는 대답에 남편은 위로의 말조차 꺼내기 힘들어했다. 어릴 적 친구, 까까머리 중학생부터 이어진 우정이 이제 팔십 고개에 닿았는데 어쩌면 그토록 냉정하게 마음을 걸어 잠그다니. 자네의 병이 더 중하니 네 몸이나 잘 돌보라며 매몰차게 끊어버리곤 했다. 힘든 항암치료 끝나면 좀 괜찮아지기를, 만날 수 있기를 기도할 뿐이었다. 무엇이 그리 급했던가. 하필이면 이 엄동설한에 떠나다니 먹먹해진다. 아픈 사람도 돌보던 가족들도 모두 지친 상태에 고뿔까지 겹쳐서 더는 이겨내지 못했다는 부인의 애끊는 사연을 차마 다 들을 수가 없었다.

서둘렀다. 아직 빈소도 차려지지 않았다고 울먹이는 부인의 음성이 귀에 쟁쟁하다.

나이 탓인가 지난겨울엔 유난히도 부고 소식이 많아 검은 옷을 상비해 둘 지경이어서 부지런히 채비를 마치고 차에 올랐다. 눈발은 점점 굵어진다. 혼자라면 버스나 전철을 이용하련만 보행이 불편한 남편을 부축하며 동행하기가 만만치 않으니, 눈길이라도 조심스레 자가운전을 해야 했다.

"주님 자비를 베푸소서."

성호를 긋고 화살기도를 바치며 시동을 걸었다. 삼각지를 지나고 녹사평까지는 그래도 괜찮았는데 반포대교에 이르니 시야가 흐려진다. 강 건너 빌딩 숲에 내리는 눈은 아득하게 먼 세상 같기도 하고 한 점의 수묵화로 보이기도 한다. 무심히 흐르는 강물만 바라보는 남편을 의식하며 다리 위의 결빙을 조심하며 앞만 보고 달렸다. 저세상 가기 전에 한 번이라도 병상을 방문하지 못했던 안타까움에 마음이 시릴 것이다. 야윈 손이라도 잡아 주며 몇 마디 씁쓸한 농담이라도 해서 고통스러운 얼굴을 펴며 잠시라도 웃겨주고 싶었을지도 모르겠다.

찬란한 대학 시절 누구라고 아름다운 사랑의 추억 한 편이 없었을까. 우리 부부를 만나게 해준 거사님은 나의 여고 시절 단짝이던 명아와 이미 열렬한 사이였다. 우리는 자주 넷이서 자연스레 어울렸다. 모두 파뿌리 될 때까지 이렇게 웃고 함께 이웃하며 살자고 했다. 그러나 사람의 일을 어느 누가 장담할 수 있을까. 농담처럼 고무신을 거꾸로 신은 명아는 부모님이 정해주신 배필을 만나 결혼을 했다. 사랑의 아픔을 달래주던 우리를 월하노인(月下老人)처럼 부부의 연으로 맺어준 거사님도 훌륭한 가문의 규수를 만나 가정을 이루었다. 청춘의 꿈이 어디 사랑뿐이랴. 전공이 다른 두 남자는 자연계와 인문학 사이의 경계를 두고 멀어졌다 가까워지기를 반복하며 세월이 갔고 더 높은 학문을 위해 우리는 서쪽으로 친구분 내외는 동쪽으로 유학을 떠났다. 강산이 변할 만큼 오랜 시간이 흐르고 우리들의 가치관이나 철학 문화와 세계관에는 알 수 없는 벽이 생겼는지도 모르겠다. 반백에 다시 만난 우리들도 나의 친구 명아도 바람결에 소식을 들어가며 다들 노력한 만큼 잘 살아왔다. 이제 저만큼 보이는 팔십 고개를 앞두고 더 무엇을 바라고 고뇌하고 탐하랴.

다리를 건너니 이제는 함박눈이다. S병원 장례식장은 엊그제 뉴스대로 초만원이다. 올겨울 추위에 고뿔로 가신 어르신들이 너무 많아 영안실이며 승화원이 초긴장이라더니 그런가 보다. 간신히 옥외주차장에 차를 세우고 미끄러운 길을 엉거주춤 걸어 들어가는 동안 우리 둘은 하얀 눈사람이 되었다. 보살님의 얼굴이 빨갛게 일그러지며 눈물이 그렁그렁 떨어진다. 나는 그녀를 꼭 안아주고 남편은 두 손을 잡아 주었다. 어느새 빈소에는 국화꽃 속에 환하게 웃고 있는 영정사진도 세워지고 제물도 가득히 차려 놓았다. 불심이 깊은 사람들이니 향을 피워 꽂고 절을 한다. 잠시 서 있기도 힘들어하는 남편 몫까지 사배를 했다. 절을 마치며 문득 생각난 어느 시구대로 사진 속의 웃는 친구분께 물었다. “절 받으니 기분 좋으십니까?” 눈물 속에서 웃는 나의 남편과 친구의 아내, 우리는 그렇게 허물없는 오랜 친구들이었다. 나는 다시 말했다. “우리 남편 만나게 해주셔서 한평생 고맙습니다. 이렇게 눈 오는 날에도 모시고 다닙니다.” 궂은 날씨이니 어서 서둘러 가라고 상주가 등 떠미는 대로 영안실을 나왔다. 잘 가라는 듯 사진 속의 얼굴은 환히 웃고 있었다.

아직 저물지도 않았는데 전조등을 비춘 차량이 다리 위에 가득하다. 나는 습관처럼 세빛둥둥섬이 보이는 잠수대교로 진입했다. 다리 아래는 천천히 가라는 속도제한이 있어서 좋았고 그래서 늘 한 템포 쉬어가던 옛 생각이 났는지도 모르겠다. 몇 대의 차량을 세워둘 수 있는 낙타 등에 잠시 멈추어 창문을 연다. 세찬 바람에 눈송이가 들어와서 그 바람에 바로 쓸려나간다.

"이렇게 가는 것이 우리 삶일까. 이렇게 순식간에 바람처럼 왔다 가는 것이 우리의 인생이겠지. 만나고 헤어지고 이제는 보고 싶어도 다시는 만날 수 없는 그 사람이 되셨네. 어떻게 할까 그래도 명아에게 소식을 알려주어야 할까. 눈 속으로 떠나버린 우리들의 친구 김 거사님, 첫사랑이 가셨다는 소식을…."

한참을 말없이 파도치는 강물을 응시하던 남편이 대답한다.

"봄이 오고 꽃이 피면…."

"마음도 영혼도 너그러워질 때 그때가 좋겠지."

이제 우리는 다시 출발해서 육신의 몸을 쉬어야 할 집으로 돌아간다. 그날은 언제일까? 우리가 영원히 회귀할 날 그곳은 어디쯤일까. 온 세상이 하얗게 덮이도록 눈이 내리는데 둥둥섬에는 따뜻한 저녁등이 켜진다.

그렇게 하얀 눈 속으로 내 친구 명아의 첫사랑은 떠나갔다.

차가운 머리와 따뜻한 가슴으로

추분(秋分)이다. 낮과 밤의 길이가 같아지고 정동쪽에서 해가 떠서 정서쪽으로 해가 진다는 절기상의 날짜를 짚어 본다. 그 무덥던 여름이 언제였나. 슬그머니 창문을 닫으며 옷깃을 여민다. 어김없이 돌아가는 계절의 순환, 대자연과 우주의 질서 앞에 외경(畏敬) 이외에 무슨 말을 할 수 있을까. 그 질서를 우리는 어디까지 정복한 것일까. 지금 우리는 첨단의 과학 시대를 살아간다고 한다. 4차 산업의 시대, 드론이 날고 인간을 대신하여 정보를 수집하고 전달하며 인공지능의 세계는 드디어 인간의 두뇌를 능가하며 우리를 놀라게 한다. 누가 이 첨단의 과학을 연구하고 개발하며 발전시켰는가. 어쩌면 이제 우리 인간은 스스로 인공지능의 노예가 되고 있음에 두려워하고 있다.

형설의 공을 이야기하며 책장을 넘기던 어려운 시대의 날들에도, 찬란한 문명을 누리는 현대에도 문학인의 꿈은 한결같다. 정신적인 보물찾기이다. 따뜻한 가슴과 냉철한 머리로 추구하는 감성과 이성의 산물을 뜻함이다. 산업과 교통의 발달은 인류의 안락한 삶과 지구상의 많은 민족이 하나가 되는 데 크게 이바지했다. 그러나 더 빨리 더 가까이 다가서며 얻은 것은 무엇인가. 인류의 행복과 인간의 윤리를 지키는 목표를 향해 과학의 발전은 한낱 수단이었을 것이 아닌가. 이제 그 수단이었던 도구에 휘말리는 모순에 빠져들고 있는 듯하다. 나의 눈으로 나의 몸으로 갈고닦은 지식이 아닌 온 세상 사람들이 공유하는 정보의 바다에서 허우적거리는 얄팍한 모습으로 병들어가고 있는지도 모른다. 컴퓨터 자판을 두드리며 글을 쓰고 정보를 찾아보며 편안함에 길들어 쓴 것인지 단 것인지도 모르게 중독되어 가는 현실이 아닌가.

미래, 내일은 더욱 발전하는 문명으로 다가올 것이다. 첨단의 과학시대를 향해 문학인인 나 또한 절대로 뒤지지 않겠다고 허둥지둥 쫓아가는 것만이 능사일까. 가을빛이 저리 고운 것을 과학이 얼마만큼 흉내 낼 수 있을까? 풀벌레 소리의 노래들을, 달빛의 교교함을 과학은 어디까지 묘사할 수 있을까? 이 회색의 도시, 밤하늘에는 먼 은하수까지도 떠내려가고 말았다. 우리 문학인은 자연을 우주의 질서를 다시 찾아야 한다. 첨단의 과학을 두려워할 것이 아니라 좀 천천히 가더라도 더불어 가면서 자연 속의 나, 우주 안의 나의 존재를 인식해야 한다. 우리들만이 가질 수 있는 차가운 머리와 따뜻한 가슴과 마음으로 문학인의 길을 걸어가야 할 것이다. 오로지 그 한 길을 뚜벅뚜벅 가야만 한다.

5

푸른 별을 생각하며

뉴욕의 허리케인

'말 그대로 하늘이 열리고 나이아가라폭포 수준의 물이 뉴욕의 거리로 쏟아져 내렸다.'

뉴욕주지사 캐시 호컬은 외친다. 흥분과 경악으로 고조된 그의 호소에 가슴이 먹먹하여 그대로 멍하니 TV 화면 앞에 서 있었다. 편안히 앉아 있을 수가 없었다. 저곳이 정녕 미국의 최대 도시이자 세계의 경제도시 뉴욕의 모습일 수가 있을까. 계속되는 폭우 때문에 지하철이 멈추어 서고 승객들은 지하철 안에서 공포에 떨며 밤을 새웠다. 비는 계속 퍼부었다. 올림픽 경기를 위한 수영장 500만 개를 채울 강수량이라니…. 뉴욕 시민의 휴식처인 센트럴파크가 홍수에 잠기고 도로에는 차량들이 둥둥 떠다닌다. 가난한 사람들이나 흑인들과 이민자들이 사는 반지하의 주거지가 몰려있는 퀸스 등의 슬럼 지역에 들이닥친 자연재해는 이루 형용할 길이 없다. 저 물 폭탄에 희생된 생명이 얼마나 될까. 결코 먼 나라 남의 일이 아니어서 두렵고 떨린다.

해마다 대서양 연안에 발생되는 허리케인은 무서운 폭풍과 해일을 동반한다. 지구상에서 가장 덥고 건조한 아프리카에서 탄생해서 이동하며 생성되는 이 놀라운 기상현상은 대서양에서 부딪히며 무섭게 변형된다. 해수면의 온도가 상승하면서 상공에서는 저기압권내의 뇌우들과 함께 강력한 바람이 가속되어 바다에서는 엄청난 폭풍의 해일이 넘친다고 한다. 뉴욕 상공에서 쏟아진 물 폭탄뿐일까. 인근의 대서양 연안의 뉴저지와 펜실베이니아주의 도시들도 물에 잠겨 허우적댄다. 지금 과연 우리는 문명의 시대에 살고 있는가 의심스럽기만 하다. 수많은 기상학자들의 연구와 인공위성을 통한 첨단의 일기예보시스템이 작동하는 과학의 발전을 조롱하듯 하룻밤 사이의 자연재해는 우리 인간들을 무력화시키고 만다. 아무도 예견할 수 없는 우주 천체의 비밀인가. 창조주 하느님의 역사하심이라고 무릎 꿇으며 과학과 문명을 지나치게 발달시킨 인간의 욕심 때문이라고 회개를 해야 하는가.

세계 경제를 주름잡는 대도시의 다른 한편에는 수없이 솟아있는 마천루의 빛나는 불빛도 여전하다. 뉴욕의 랜드마크 자유의 여신상도 여전히 우뚝 잘 서있는 대도시의 양면을 본다. 지구상의 가장 부강한 나라 미합중국도 해마다 반복되는 자연현상 앞에 무력해지는 상황이 안타까울 뿐이다. 지구상의 곳곳에서 발생되는 자연재해가 어디 뉴욕의 허리케인뿐이랴. 지난여름 독일의 서부 지역 라인란트 팔츠와 룩셈부르크 네덜란드 접경지역에 걸쳐서 내렸던 100년 만의 최악의 폭우와 홍수도 어제 일만 같다. 가옥과 도로의 침수는 물론 라인 강 지류의 범람으로 이어진 피해가 엄청났다. 피해가 극심했던 마을의 파괴된 현장을 방문하여 복구를 위해 우리 모두 함께 노력하자고 지역주민을 위로하던 수심에 찬 메르켈 총리의 모습이 눈에 선연하다. 지금 이 놀라운 기상이변이 어디 뉴욕과 독일뿐일까. 해마다 발생되는 태풍을 올해도 어김없이 맞아야 했던 중국의 베이징 남부 지역은 또 어떠한가. 바야흐로 지구촌 곳곳에 놀라운 기상이변, 21세기 노아의 홍수가 범람하는 듯하다.

치산치수에 힘썼던 우리나라 조선왕조의 역대 제왕들 또한 때마다 하늘에 빌며 제를 올리지 않았던가. 세종대왕은 한강변의 망원정에 친히 납시어 기우제를 지냈다고 한다. 극심한 가뭄에 땅이 갈라지는 것도 나라의 주인인 임금의 탓이라고 하늘에 고하며 땅에 엎드려 절하는 지극한 정성을 바치었다. 드디어 하늘에서 단비를 내려주시니 그곳의 정자를 희우정(喜雨亭)이라고 명명하였다고 한다. 비를 기다림과 아울러 넘치지는 말기를 기원하며 더함도 덜함도 없이 나라 살림을 걱정하며 왕조를 빛낸 성군의 업적을 다 어찌 열거할까. 한 글자 한 문장을 만들어서 느끼고 생각하는 바를 글로 표현하게 한글을 창제 반포해주신 은덕을 어찌 간단히 표현할까. 하느님도 감복하여 비를 내려 만백성을 기쁘게 해주셨던 그 큰 뜻이 서린 희우정은 을축년 대홍수에 한강이 범람하여 자취도 없이 사라졌다고 한다. 나라를 잃었던 일제 강점기 시대인 1925년이니 더 무엇을 말하리. 칠팔월에 걸쳐서 거푸 네 차례나 이어진 근세사에 기록된 최대의 홍수는 그 참혹함을 미루어 짐작할 따름이다. 오늘날의 한강변은 더없이 아름답게 조성된 경관으로 희우정도 옛 자리를 찾아 망원정으로 복원되었다. 많은 시민들이 평화롭게 고수부지를 산책하거나 달리기를 하며 즐긴다. 이따금은 멈추어 서서 흘러가는 강물을 바라보며 역사의 뒤안길을 물어보면 어떨까….

모든 민족들과 고대의 국가를 다스리던 지도자들도 생명을 이루는 근본인 물의 소중함을 다루기 위해 전력했을 것이다. 마실 물과 농사를 짓고 목축을 위해 부족 간의 전쟁도 불사하던 시대도 있었고 지금도 아프리카에는 먹을 물이 없어 헤매는 인총들이 얼마나 많은가. 어느 곳에는 물 폭탄이 퍼부어서 문명의 대도시를 마비시키는가 하면 아름답고 조용한 전원도시를 휩쓸어버리며 홍수가 범람한다. 그 넘치는 물이 목마른 아프리카에 샘물이 될 수는 없을까. 한 통의 물을 구하기 위해 지친 몸으로 멀고 먼 사막을 걸어야 하는 현실을 어쩔 수 없는 자연현상이고 기후분포라고 체념해야 할까. 임시방편의 원조나 구제도 필요하지만 장기적인 대책이 필요할 때이다. 지금부터라도 우리 모두는 지구상의 자원들을 아껴 쓰고 에너지를 절약하며 탄소제로환경운동에 동참하는 작은 일부터 시작해야 한다. 갈수록 심각해지는 지구온난화 현상에 대비하는 노력을 기울이며 모두 함께 노력할 때 하늘도 굽어보시지 않을까.

빛나는 뉴욕의 거리 한편에 무너진 집과 쓰러진 나무들과 자동차들이 아직도 흙탕물에 젖어있다. 물에 갇혀 아우성치다가 생명을 잃은 가난한 사람들의 절규가 그 안에 맴돈다. 미국의 대통령 바이든은 비상상태를 선포하지만 언제 또다시 발생할 저 무서운 천재지변에 우리 인류는 정녕 어떻게 잘 대처할 수 있는 것일까. 손 놓고 구경만 할 먼 나라의 일이 결코 아니다. 그럼에도 이 어리석은 사람은 올가을 태풍도 무사히 지나가기만을 바란다. 오로지 나의 문전옥답에 심겨진 곡식들이 잘 여물기만을 빌면서….

일기예보

정기 진료를 끝내고 병원 앞 약국에 들렀을 때 이미 하늘빛이 심상치 않았다. 몇 개의 과를 방문했고 곳곳에 대기시간도 무척 길어서 예상보다 두 시간이나 늦게 걸렸다.

서둘러 집으로 향했다. 종로까지도 괜찮았다. 새문안 고개를 넘어 서대문 쪽을 바라보니 빨간 브레이크등이 켜진 차들이 충정로 삼거리까지 가득히 밀려있었다. 어느새 제법 굵은 눈발이 흩날리기 시작했다. 라디오에서는 강남이나 수도권 남부의 교통상황을 방송하며 대중교통수단의 이용을 거듭 안내했다. 그러나 이미 차들은 거리를 가득히 메운 다음이고 모두 긴장하면서 서두르는 모습이 역력했다.

아 이곳, 서대문 네거리는 꿈 많은 여고 시절을 보내던 개명거리가 아닌가. 아득히 먼 그 어느 함박눈 오던 날 김진섭의 「백설부」를 낭독해 주시던 국어 선생님을 잠시 떠올린다. '함박눈이 펄펄 내릴 때는 언제라도 그 순수한 백설을 즐거이 맞으라'고 하시던 열정에 찬 그 모습 그 음성이 눈처럼 휘날린다. 아직 살아계실까. 폭설, 그 와중에 향수에 젖다니….

다행히 이곳 강북은 눈이 덜 내려서인지 자동차 행렬은 질서정연하고 조심스레 '가다 서다'를 반복하지만 언제 함박눈으로 변할지 모른다. 바짝 긴장되어 더욱 조심해서 브레이크를 밟는다.

며칠 전부터 오늘 저녁에 눈이 내릴 것이라는 예보는 있었다. 다만 정확한 시간대까지는 알려줄 수 없었을 것이다. 기상청이나 행정 당국의 실수라고만 할 수 있을까. 하느님 마음을 우리 나약한 인간이 어찌 알리. 예측이 불가능한 기후변화나 지역별 기상이변에 당황하는 사태가 지구촌 곳곳에서 벌어지고 있는 작금의 상황이 아닌가. 하필이면 저녁 러시아워에 갑자기 눈 폭탄이 쏟아질 줄이야. 점점 더 쏟아지는 함박눈은 퇴근길의 교통을 완전히 마비시켰다. 근간에 보기 드문 폭설이어서 이십 년 만이네 삼십 년 만이네 하는 시끄러운 뉴스에 더욱 정신을 차릴 수가 없다. 천만다행으로 어둡기 전에 무사히 집에 도착했다. 창밖에는 굵은 함박눈이 펑펑 쏟아진다. 더는 낭만도 아니고 백설을 예찬할 상황도 아니다. 곳곳의 교통대란을 전해주는 TV 뉴스를 바라보며 안타까운 마음에 시선을 떼지 못한다.

영하 15도의 날씨에 내리는 눈은 그대로 얼어서 빙판이 된다. 눈 소식에 서둘러 집으로 돌아가려는 퇴근 차량이 한꺼번에 몰려나왔고 미끄러운 도로는 주차장을 방불케 오도 가도 못하게 되었다. 제설차나 염화칼슘을 뿌릴 긴급한 업무 차량도 지나갈 수 없는 상황은 폭설 속에 갇힌 교통 마비 현상이다. 조금이라도 움직이려면 바퀴는 헛돌고 미끄러져 앞차 옆차를 가리지 않고 이리저리 부딪는다. 이럴 때 행정 당국의 대책은 어때야 할까. 곳곳이 모두 눈 폭탄을 맞은 이 상황에서 과연 해결사는 누구일까. 그래도 수호천사 같은 아름다운 시민 정신은 언제 어디에나 살아 있었다. 헛바퀴 돌며 꿈쩍 않는 차량을 추위와 눈발을 마다치 않으며 두셋이서 힘을 합해 밀어준다. 전진하거나 유턴을 하게 서로 도와주며 길을 터서 양보하고 배려하며 하나둘 차례대로 교통지옥을 빠져나간다. 춥고 배고프고 놀라운 대여섯 시간을 이겨낸 끝에 자정이 넘어서야 집으로 돌아간 사람들이 얼마나 많았던지….

원거리 출퇴근을 하는 직장인들은 일찌감치 차량 운전을 포기해야만 했다. 길가에 차를 세워 두고 주변의 호텔에서 새우잠을 잔 사람들은 이튿날 새벽 눈길에 세워 두었던 냉동차를 타고 출근을 했다고 아우성친다. 온종일 이어지는 어젯밤의 폭설에 관한 후일담이 이어졌고 선량한 시민들의 무용담도 많았다. 어젯밤에 대한 더는 뉴스가 아닌 뉴스로 뒷북치는 소리가 계속되었다. 아침까지도 길 한가운데 방치되어 레커차로 끌려가는 고가의 외제차들을 보면서는 시민들의 분노가 들끓었다. 위기에 당면할 때 대응할 수 있는 인간의 사고와 행동은 다양하다. 갑작스러운 폭설이 내리는 동안 사람들의 여러 가지의 반응과 행동을 보며 감동이 큰 만큼 참으로 안타깝고 씁쓸했던 장면들도 많았다.

기상이변과 기후변화에 대해서 다시 한번 생각하게 된다. 온대지방에 위치한 우리나라의 겨울은 전형적인 삼한사온의 날씨여서 며칠 춥다가도 또 며칠은 따뜻하여 견딜 만한 계절이었다. 최근에 지구촌 전체의 온난화 현상이 날로 심각해지는 문제로 떠오르고 있다. 바닷물의 온도가 높아지고 북극지방에는 빙하가 너무 빠른 속도로 녹아서 해수면이 높아지고 있다. 빙하 덩어리에 갇혀 있어야 할 찬 공기가 제트기류를 형성하여 급강하하는 상황은 우리나라를 비롯한 비슷한 위도의 나라들에 북극한파라는 이상저온의 겨울을 만들어 가고 있다. 북극을 중심으로 얼음 우산을 쓴 듯이 중국이나 우리나라 일본 등 아시아는 물론 유럽의 비슷한 위도의 나라들에 한파가 몰린다. 프랑스나 북부 이탈리아와 오스트리아 등을 꽁꽁 얼려버린다. 스페인은 영하 35도까지

내려갔다고 하니 뜨거운 햇빛을 자랑하는 지중해 연안의 도시들이 무색해졌다. 이제 기후변화나 기상이변은 온 지구촌의 공동 과제이고 모든 인류가 함께 고민하고 해결해야 할 숙제로 깨닫게 되며 그 상황은 점점 더 심각해져서 나라마다 걱정이 깊어지고 있다.

북극한파 못지않게 여름의 무더위도 점점 더해간다고 기상학자들을 예고한다. 그러나 하루 전 일기예보도 정확히 맞출 수 없는 기상이변과 지구온난화에 우리는 과연 어떻게 대처할 수 있으며 그에 대한 대비를 마련할 수 있을까.

하늘의 구름만 보고도 바람의 방향만으로도 내일의 날씨를 맞히던 농경시대 촌로의 지혜를 생각한다. 24절기와 달이 부풀고 기우는 대로만 날짜를 짚어도 한 해 농사를 잘 지으시던 분들이 존경스럽기만 하다. 과학의 발전이나 천문기상학 또한 해와 달과 별을 바라보며 얻은 지혜와 역경을 헤쳐나가며 얻은 경험과 실험의 축적이 아닌가. 문화와 문명이 발달할수록 자연에 순응하며 자연을 보호하며 살아가야 하리. 더욱 겸허한 자세로 옛 어르신들의 말씀을 되새겨 볼 일이다.

– 지난겨울 갑자기 폭설이 내리던 어느 날의 기록

정말, 개꿈일까

-뒤늦게 도착한 팀에서 S 주간을 숙소까지 안내하게 되었다. 진초록의 생울타리 사이로 난 오솔길을 걸어갔는데 보름달이 바로 뒤에서 우리를 따라오고 있었나 보다. 우리는 계속해서 우리들의 그림자를 밟으며 앞으로 갔다. 너무 늦어서일까, 카페테리아도 문을 닫았고 마땅히 차 한 잔 대접할 곳이 없었다. 섭섭했지만 그냥 헤어지며 내일 아침을 약속했다.-

꿈이었다. 나는 그런 현실 같은 꿈을, 더러는 스토리가 있기도 하고 가끔은 총천연색으로 희한한 꿈을 꾸기도 한다. 대개 오래되지 않아 잊어버리지만 어떤 꿈은 오래도록 잊히지 않는다. 꿈은 잠재의식의 표현이라고 한다. 프로이트의 저 유명한 『꿈의 해석』이 아니라도 대개는 평소의 걱정이나 누적된 스트레스로 인하여 깊은 잠을 잘 수 없어 꾸는 경우가 많다. 어떤 경우에는 뭔가 예시하는 듯해서 다음 날의 행동을 사려가며 조심하게 된다. 그리고 그 꿈이 정말 맞는 듯도 해서 놀라울 때도 있다. 식구들이나 친지들이 웃으며 신기가 있는 것 아니냐며 농담을 한다. 짓궂은 이들은 손바닥을 내밀며 한번 보아 달라고 엉뚱한 주문을 하기도 해서 민망하다. 어제 꿈만 해도 그렇다. 몇 군데 청탁받은 원고의 마감일이 한꺼번에 다가오고 글을 쓰지 못하게 하는 여러 가지 사정들이 뒤엉켜서 마음이 편치 못했다. 그런 상황에 비하여 그래도 꿈속 장면은 아름다워서 다행이다. 부드러운 보름달빛과 그림자를 밟고 걸어가던 생울타리 사이의 오솔길은 아직도 선연하다. 보름달의 의미를 굳이 캐 보자면 시월 보름이 원고 마감이다. 아침마다 나를 깨워주는 알람이 내 꿈에서도 작용을 한 것일까.

며칠 전의 또 다른 꿈은 아주 무섭기도 했지만 한편으로는 대단히 고마운 꿈이었다. 돌아가신 어머니께서 현몽하셔서 잠결에 사래가 들어 숨을 쉬지 못하는 나를 살려주신 꿈이라고 생각한다. 저세상 가신 지 십오 년인데 마치 어제 같은 이야기였다. 어느 먼 외국의 여행지에서 어머니를 모시고 오는 도중에 갑자기 공항에서 운명하시게 되는 놀라운 꿈이었다. 우리 일행은 비행기를 갈아타야 했다. 탑승구에서 보딩 카드를 내밀었는데 어머니 이름이 틀렸다며 탑승이 거부되었다. 동행했던 가족들은 왠지 아무도 보이지 않고 나 혼자서 항공사 직원과 옥신각신하고 있었다. 그때 갑자기 번쩍이는 단추의 제복과 모자를 쓴 남자가 달려와서는 어머니를 이동식 간이침대에 눕히며 "할머니는 돌아가셨다"라고 외쳤다. "안 돼요, 어머니"를 외치며 잠이 깨었을 때 나는 숨을 쉴 수가 없었다. 수면무호흡증이었거나 아니면 역류성식도염이 원인이었을까. 곧 숨이 넘어갈 듯한 패닉 상황에 어찌할 바를 몰랐다. 정신 줄을 놓지 않으려 발버둥 치면서 그 와중에도 생각을 했다. 자정작용을 믿어 보자고 하면서도 나는 마치 사람이 아닌 듯 동물이 내는 신음이 나왔다. 무엇인가 기도에 잘못 삼켜진 이물질이 있는 듯했다. 그것을 뱉어내느라 기침도 아니고 구역질도 아닌 괴성을 부르짖고 있었다.

만약 꿈에서 어머니를 모시고 그 비행기를 탔다면 나는 아마 그 순간 질식사로 어머니와 함께 머나먼 길을 떠나지 않았을까. 어머니가 가신 길, 저승길을 따라가려는데 저승 문에서 나를 놓아주신 듯하다. 그런 꿈 해석에 능하셨던 시숙모도 안 계시니 누구에게 물어볼까. 분명 그 번쩍이는 제복에 모자를 쓴 사람은 저승사자라고 말씀하셨을 것이다.

"아이고, 큰일 날 뻔했네. 그 사람과 함께 어머니를 따라갔으면 어쩔 뻔했나. 몸이 허한가보이. 잘 먹어야 하는데…."

꿈보다 해몽이라는 말처럼 길몽이든 흉몽이든 좋게 풀이하며 긍정적으로 해석하는 것이 바람직하리라 생각하면서도 그런 꿈을 꾸게 되면 한동안은 그런 꿈에서 벗어나지 못하게 된다. 식구들은 나를 위로하려고 그냥 개꿈이라고 일부러 웃어넘긴다. 오히려 노쇠하고 허약해진 몸으로 인한 것이니 잘 잡숫고 낮에 운동이라도 하며 밤의 숙면을 권한다. 그것이 마음대로 된다면 왜 한밤중에 온 집안을 소란스럽게 할까. 프로이드의 『꿈의 해석』을 읽어 볼까 아니면 칼 융의 정신분석에 대한 이론은 어떨까. 시원한 대답은커녕 오히려 출구를 찾을 수 없는 라비린트로의 안내가 되지 않을까 두렵다. 미로를 헤매는, 더욱더 잠 못 이루는 밤으로 가는 지름길을 안내해줄 뿐이라고 단정하며 용감하게 결단을 내린다. 식구들의 말처럼 개꿈이라고.

나이 들어가니 이런저런 일들을 겪으며 사람을 보는 눈이 조금은 생겨서일까. 이따금 좋은 태몽도 꾸어서 배춧잎을 받고 팔아 본 적도 있으니 나도 이제는 상노인 축에 드나 싶어 웃음이 난다. 시조모님께서 손부가 첫 아이를 가질 때 꾸어주셨던 뾰족한 입의 구렁이 꿈 이야기가 언제인가. 아들을 기대하신 시어른께서는 이미 딸을 낳을 꿈이라고 실망하셨겠지만 해산 일까지 꾹 참고 기다려주셨다. 이제 그 딸이 아들을 장가들이게 생겼으니 참으로 세월이 빠르다. 모두들 이야기하는 것처럼 일장춘몽 같은 세월이 가고 있다. 꿈 없이 아침까지 푹 자는 것이 소원이지만 그래도 꿈을 꾼다면 아주 좋은 꿈을 꾸고 싶다. 빨갛게 익어가는 감나무 아래서 수백인지 수천인지 셀 수 없이 많은 열매를 주워 담던 나의 아들을 가졌을 때의 태몽 같은….

행복이 가득한 책방

유럽에서 가장 아름다운 도서관이라니….

휴일 늦은 밤 하루를 닫으며 TV를 끄려는 참이었다. 앗 잠깐, 「백 투 더 북스」라는 특별한 프로그램 안내에 선잠이 깬다. 오스트리아의 수도 빈에 소재하는 국립도서관 장면이다. 합스부르크 왕조의 전통과 역사에 대한 기대와 상상으로 볼륨을 조금 키운다. 이 한밤중에 빈 여행, 때아닌 낭만으로 설렌다. 문득 공유하고 싶은 사람들, 책을 사랑하는 지인들에게 문자메시지를 보낸다, 실례를 무릅쓰고.

"「Back to the Books」, 지금 곧 시작, 유럽에서 가장 아름다운 도서관입니다."

도나우강이 흐르고 빈 숲속 요한 슈트라우스의 동상이 금빛으로 빛난다. 슈테판 성당의 푸른 지붕을 스쳐서 카메라는 어느새 마리아 테레지아 동상을 비춘다. 신성로마제국과 합스부르크 왕조를 쥐락펴락했던 오스트리아의 여제, 영원한 국모 앞에 잠시 멈추어 예를 갖추는 듯하다. 드디어 호프부르크 왕궁의 프룬크잘이 나타난다. 1723년에 완공된 유럽에서 가장 큰 바로크양식의 도서관으로 77미터 길이의 벽을 따라 늘어선 서가는 그 위용이 대단하다. 인쇄술이 발달하기 전 양피지에 필사하여 엮어진 성서들과 금박이 새겨진 귀한 장정의 고서적들이 벽면 가득하다. 시대를 망라한 이 지구상의 정신적인 보물들이 축적되어 있지 않겠는가. 그런데 어느 누가 감히 저 빛나는 서책을 꺼내 책갈피를 넘겨볼 수 있을까? 거대한 태피스트리에 담긴 그림을 그냥 멀찍이 바라보는 느낌으로 궁정 도서관을 떠난다.

화면은 어느새 티롤의 주도 인스브루크의 앤틱 서점으로 들어간다. 고문서들도 많아서 괴테와 헤세의 친필 편지들이 있는가 하면 갈릴레오 갈릴레이가 메디치 가문에 보낸 편지도 있다. '왜 내게 약속했던 포도주를 보내주지 않았나'라며 힐난하는 내용을 보여주는 해설사의 겁에 질린 표정이 익살스럽다. 르네상스를 이끌었다고 해도 과언이 아닌 메디치 가문을 상대로 불평을 하다니…. 코페르니쿠스의 지동설에 동의하여 종교재판을 받던 갈릴레이는 목숨을 구하기 위해 끝내 천동설을 부정하지 못하고 재판정을 나온다. 그때 조용히 '그래도 지구는 돈다'라는 말을 남겼다는데 그릇된 세상에 맞서 진실을 고백한 양심과 용기가 아닌가. 두꺼운 양장본 표지 뚜껑을 자물쇠로 채워 책벌레의 침입을 막았다는 귀한 책이 있는가 하면 변형되는 장정을 원형대로 유지해주는 누름틀을 조심스레 다루는 전문 서적상의 세심한 수작업 등 책에 얽힌 이야기들에 내 마음은 몹시 울렁거렸다.

드디어 오늘 프로그램의 백미(白眉), 기적의 서점 '하르틀리프'에 도착한다.

스무 평 남짓의 이 작은 서점은 작지만, 행복이 넘치는 아름다운 책방이다. 독일 함부르크에 살면서도 여름철이면 오스트리아 빈에 와서 휴가를 보내곤 하던 하르틀리프 부부에게 2004년 여름은 특별했다. 기적이 찾아왔다. 우연히 길을 가다 보게 된 손글씨의 폐업 광고 쪽지가 그들을 멈추게 했다.

"8월 1일 서점이 문을 닫습니다. 그동안 아껴주신 고객 여러분 감사합니다."

부부는 이 작은 쪽지 하나에 꽂혀서 즐기던 휴가 일정을 멈추고 그들 인생의 터닝 포인트를 찾게 된다. 서둘러 집주인을 만나고 서점의 내부 공간을 돌아보았다. 운명의 만남을 현실로 이어갈 가능성과 의미들을 따져보기도 전에 그들은 어느새 그 낡고 얼룩진 공간에 그들만의 꿈을 심고 있었다. 독일 굴지의 출판사

고위직에 있던 남편은 고액의 연봉을 뿌리치고, 소설가이자 서적 평론가이던 아내도 자신의 길을 잠시 벗어난다. 부부는 새로운 둥지를 꾸미는 험한 작업을 오직 둘만의 몸과 열정으로 시작했다. 21세기의 오늘날 종이책을 파는 서점 운영의 채산성에는 눈을 감은 채 그들은 용감하게 일을 저지르고 말았다.

이십여 평의 작은 동네 서점이 온 세상에 유명해진 비결은 무엇일까. 그들은 성장하는 서점보다는 사랑이 넘치고 행복이 가득한 소통의 공간을 구했을 뿐이었다. 책을 사러 오는 고객들과 가까운 이웃처럼 이런저런 살아가는 이야기를 나누기도 한다. 살림집으로 쓰는 이층으로 오르내리는 나선형 철제 계단은 어쩌면 하르틀리프 서점을 지탱해주는 튼튼한 소통의 기둥이다. 위층에서 내려오는 커피 향기와 요리 냄새에 고객들은 더욱 행복해하고 맛있는 음식이나 과자를 구우면 가져오는 이웃도 있다. 선뜻 책을 고르지 못하는 고객들에게 책의 내용을 소개해주기도 하고 지구 반대편에서 찾아오는 관광객에게도 친절하여 한 번 들르면 꼭 다시 오고 싶어 하는 특별한 책방이다. 그뿐인가. 문학작품을 읽고 토론하는 서점에서의 문학의 밤을 그녀는 더없이 사랑한다. 출판사 출신인 남편의 탁월한 기획과 진심으로 온 정성을 다해 고객을 관리하는 아내, 더 무엇이 필요하랴. 마치 주인처럼 서점의 일을 사랑하는 직원들이 아홉이나 되고 창업부터 함께 일한 전문가들이다. '책 사다리에서 떨어져 죽는 날이 있어도 이 일을 사랑하고 싶다'라는 페트라 하르틀리프, 그녀는 깊은 밤에야 밀어두었던 소설을 이어서 쓴다. 드디어 2017년 '오스트리아의 우수서점상'을 수상한 영예까지 안게 된다.

지금 빈은 저녁 무렵, 어둑해지는 거리에 따듯한 불빛이 새어 나오는 책방 하르틀리프는 여전히 바쁘다. 서점을 찾은 고객은 물론 온 세상을 향한 인사가 시차에 따라 바뀐다. 어느 곳은 아침이고 또 어느 곳은 밤이 되는 지구촌 곳곳에 인터넷 주문에 대한 답신으로 즐거운 비명이 넘친다. 작은 집 그러나 행복이 가득하고 보람찬 일이 넘쳐나는 그런 아름다운 책방이 우리 마을에도 하나쯤 있기를 꿈꾸며 그녀의 산문집, 『Meine wundervolle Buchhandlung 나의 경이로운 책방』*에 대한 이야기를 따라 빈으로 가는 깊은 밤이다.

*『Meine wundervolle Buchhandlung』 : 서점 주인 페트라 하르틀리프의 산문집으로 국내에서는 『어느 날 서점 주인이 되었습니다』로 번역 출간됨

꿈나무 음악회

꿈나무 음악회, 그 이름만 들어도 설렌다. 경의선 숲길을 가로질러 마포아트센터를 향해 가는 마음이 한껏 부푼다. 그 옛날 조선시대 팔도의 산물들이 실려 와 흥청대던 마포나루는 어디였나. 가지가지 물고기와 젓갈을 다루는 뱃사람들에게 소금을 대주던 소금 장수들이 많이 살았다던 염리동은 언제 적 시골 마을인가. 상전벽해라니 이를 두고 하는 말인가 싶다. 도심 주거 환경 개선으로의 변신이 놀라워 한 번 더 동네를 둘러본다. 고층의 명품 브랜드의 아파트들이 에워싼 문화예술의 전당 마포아트센터는 명실공히 빛나는 예술 공간으로 자리매김하여 마포인의 자존심과 긍지를 북돋는다.

얼마 전 예술의 전당에서 내한 공연을 마친 오백 년 전통의 독일 드레스덴 슈타츠카펠레 오케스트라와 비교를 해 본다. 우리 대한민국의 자랑, 마에스트로 정명훈의 지휘로 연주되는 브람스의 심포니 연주는 가히 환상적이었다. 마침 음악을 잘 아는 후배가 세심하게 살펴준 합창석의 자리는 지휘자와 연주자의 모든 것을 볼 수 있었다. 지휘자의 표정 손짓 하나하나에 감응하며 숙련되고 정제된 하모니로 표현된 연주회는 특별한 감동이었고 더러는 백발이 성성한 푸른 눈의 노련한 연주자들의 모습과 함께 그 여운이 아직도 생생하다. 하지만 오늘 우리 마을 마포에서 마포의 꿈나무들을 위한 공연에 비하랴. 이곳엔 작지만, 더욱 찬란한 꿈이 있고 앞으로 더욱 성장하는 나무들의 미래가 있지 않은가. 여기서 자라는 나무들도 언젠가는 정명훈보다 더 훌륭한 지휘자가 될 수 있고 그의 작은누나인 바이올리니스트 경화를 넘고 큰누나인 첼리스트 명화를 이길 수 있으리.

오늘 연주회는 주옥같은 레퍼토리를 지휘자의 해설로 감상할 수 있어서 꿈나무 청소년 관객들을 위해서는 참으로 훌륭한 공연이었다. 그중에도 「목련화」와 「강 건너 봄이 오듯」을 노래한 소프라노 가수의 열창은 내게 유난히도 감동의 눈물을 흘리게 했다. 비슷한 연령의 나의 딸도 어릴 때부터 노래를 잘해서 교내 합창반의 활동도 많이 했고 여기저기 뽑혀 다니며 고운 목소리를 자랑하기도 했다. 수십 년이 지나도 어제 같은 회억에 콧날이 찡하며 가슴이 아렸다. 선비 집안의 고루한 생각은 하고 싶은 꿈을 접고 문과로 진학해서 박사과정도 이수했지만 결혼 후 남편 받들기와 두 아들 키우기를 제 꿈보다 소중히 여기니 그저 대견하기만 하다. 자목련꽃처럼 고운 드레스에 자그마한 체구가 무색하게 아름다운 고음이 아트홀 맥을 가득히 채운다. 소프라노의 열창하는 모습에 딸의 어린 날이 오버랩되어 울컥했다. 시절 인연도 한몫한다던가. 두 아들을 더 큰 나무로 키우기 위해 나의 딸은 튼튼한 디딤돌 역할로 더욱 보람찬 삶을 살고 있음에 뿌듯하지만, 한편으로는 딸의 숨은 재능을 키워주지 못한 아쉬움이 크기만 하다. 오늘 공연의 지휘자와 소프라노 가수를 비롯하여 모든 연주자가 우뚝하게 성장한 나무로 저 자리에 설 때까지 그 부모나 학교의 선생님들과 우리 사회는 어떤 역할을 했을까 외경심에 고개 숙어진다.

숲의 나무도 사회와 나라의 일꾼도 잘 키워야 한다. 튼튼한 동량이 될 꿈나무 키우기란 결코 쉬운 일이 아니다. 더구나 예술분야에서라면 특별한 재능을 발견하고 키워주는 지도교사와 학교 나아가서는 국가 또한 유기적으로 조화롭게 연결될 때 비로소 꿈나무는 세계를 무대로 활약하게 되리라. 우리 모두 그런 마음으로 힘을 합한다면 마포인재육성장학재단은 더욱 튼튼하고 울창한 숲을 이룩하게 될 것이다. 그래서 오늘 이 봄날의 콘서트 2023 꿈나무 음악회는 미래의 인재들을 위한 힘찬 팡파르이자 보람찬 울림이다.

나는 가끔 전주로 간다

새벽 첫차를 타고 전주로 떠나고 싶다. 전동성당에서의 미사를 첫 일정으로 계획한다. 감실을 바라보며 조용히 앉아 오랫동안 고여 있던 분심이나 욕심들을 내려놓으며 회개하고 고해성사도 볼 수 있다면 얼마나 좋을까. 벌써 몇 년을 별러도 이루지 못한 작은 소망, 나 홀로의 전주 여행이다. 가끔 그곳이 그렇게 그립다. 마치 지나간 날의 아련한 추억이나 고향처럼…. 미사를 드리고 나서 은혜로움으로 충만하여 꽃심의 거리를 걸어간다. 곧바로 화원동의 최명희 문학관을 들러 『혼불』로 승화된 일만 매의 육필 원고지 탑을 바라보며 선 채로 소설을 읽어 내려간다. 그녀가 사용하던 필기구, 편지, 사진들을 돌아보며 감격 또 감격하다가 마당으로 나선다. 키 작은 꽃나무들과 풀꽃에 둘러싸인 마당에는 햇살이 가득할 것이다. 세월이 가도 결코 버릴 수 없는 꿈의 꽃심을 지닌 땅, 전주가 아닌가.

그렇게 늘 꿈만 꾸다가 꽃잎이 난분분 흩날리던 봄날, 그곳에 가게 되었다. 한국문협 수필분과에서 주관한 '수필의 날' 전주대회였다. 전북 문학관에 도착하여 참으로 오랫동안 그리워하던 전주 땅을 밟았을 때 문학관 담장 위에 소담스럽게 핀 붉은 장미가 환하게 맞아 주었다. 오는 길 내내 꿈을 꾸었던 나는 꿈의 꽃심을 만난 듯 기쁨이 유별했다. 정겨웠다. 나지막한 단층의 문학관과 강당 사이 마당에는 차일이 쳐지고 그 아래 마련된 다과상은 더없이 감미로운 마중물이었다. 청잣빛 다기에서 피어나는 백련 한 송이, 그 꽃잎이 우려내는 찻물이라니…. "문학의 힘으로 세상을 아름답게"라는 표어가 붙여진 학교 강당 같은 건물을 바라보는 마음은 어떠했던가. '강당(講堂)'이라는 팻말이 주는 깊고 그윽한 기분에 마냥 젖어 들었다. 평화로움을 찾은 우리들은 코로나의 거리두기 속에서도 반갑고 기쁜 만남을 눈웃음과 주먹인사로 나누었다. 문학관의 자랑 마로니에도 수백 개의 하얀 꽃등을 달고 우리를 환영하고 있었다. 가을이 와서 낙엽이 지면 나무 아래를 서성이는 시인들의 마음을 흔들 것이다. 어린애 주먹만한 먹지도 못할 쓰디쓴 밤톨들을 수북하게 떨구며.

오늘 하룻밤의 숙소이자 심포지엄 장소인 L 호텔로 향하다가 나는 길을 바꾼다. 나만의 꿈속을 걸으며 『혼불』에 대한 오래된 기억을 불러낸다. 청사초롱 밝혀진 혼례식 날의 풍경이 그려지고 신부 효원의 파란만장한 운명이 보이는 듯하다. 무너져 가는 종가를 다시 일으켜 가는 청암부인의 서슬 퍼런 기세가 어디선가 호령하며 나타날 듯하다. 문득 남원의 혼불 박물관 앞에 서 있는 비석이 떠오른다. 최명희의 글과 삶이 그대로 녹아있던 큰 바위 같이 서 있던 돌이….

> 나는 원고를 쓸 때면 손가락으로 바위를 뚫어 글씨를 새기는 것만 같다. 날렵한 끌이나 기능 좋은 쇠붙이를 가지지 못한 나는 온 마음을 사무치게 갈아서 생애를 기울여 한 마디 한 마디 파나가는 것이다. 세월이 가고 시대가 바뀌어도 풍화 마모되지 않는 모국어 몇 모금을 그 자리에 고이게 할 수만 있다면 그리하여 우리 정신의 기둥 하나 세울 수 있다면.

혼자서 가다 일행을 만난다. 다시 혼자되어 꽃심의 땅 전주를 돌아본다. 꿈같은 날에 유유자적 이 집 저 집을 둘러보며 걸어간다. 아이러니하게도 오늘 하루의 거리 두기는 나를 마냥 자유롭게 한다. 이 시간이 고맙고 행복하다.

최명희처럼 온몸과 정신을 다해 글을 쓸 수 있다면… 아픈 몸을 다 바쳐 쓰고 혼불로 사라진 그런 정신이 부럽다. 자꾸만 뒷

걸음쳐지는 화원동을 벗어나 한옥마을로 접어든다. 고래등 같은 기와집들이 올 때마다 늘어난다. 소박하던 한지 가게, 부채 가게들이 박물관 전시관이라는 어마어마한 간판을 달고 서 있는 품이 멀리서 온 나그네를 서먹하게 한다. 만경평야에서 거두는 넉넉한 쌀은 이밥같이 부드러운 이곳의 인심을 만들었다던데 음식점마다 유리창에 진열된 상차림과 그 값에 눈이 휘둥그레진다. 따끈한 콩나물국밥이나 몇 가지 나물에 청포묵을 얹은 비빔밥도 예술작품인 전주가 아닌가. 지난날은 다 그렇게 그립다 생각하며 하릴없이 오목대로 올라간다. 그곳에서 전주 읍성 너른 벌판을 굽어보며 조선을 세우려는 꿈을 외쳤던 이성계를 생각한다. 위화도 회군 이전의 고려의 무장이었던 그를…. 기와지붕으로 덮인 교동 한옥마을의 정취, 이만큼 멀리 떨어져서 바라보면 더욱 그럴듯한 미적거리(美的距離)가 비견되지 않을까.

오목대를 내려와 경기전으로 향한다. 전망 좋은 이층 카페로 간다. 운이 좋으면 넓은 유리 창가의 자리가 비어 있을 것이다. 태조 이성계의 어진을 모셔 놓은 경기전과 조선왕조실록이 보관되었던 전주사고가 멀리 보인다. 아, 잘 왔다. 오늘은 이만큼만 보자. 다음에 와선 경기전 안으로 들어가서 전각을 두루 돌아보리라. 그리고 풍남문까지 걸어가서 박해와 순교의 현장 그 뒤안

길을 더듬는다. 윤지충 바오로는 해남의 저 유명한 고산 윤선도의 6대손이었다. 정조 때 좌상 채제공의 신망을 받던 그는 유교를 받들던 조선의 명문 후손이 아니던가. 자신을 낳아준 어머니의 제사를 마다하며 신주를 불사르며 능지처참을 마다치 않고 순교의 길을 갔다. 그뿐이랴. 수많은 치명자들의 피로 얼룩진 그곳에 전동성당이 들어서기까지 모진 박해에도 굴하지 않고 피를 흘리며 믿음의 길을 갔던 그들이 아닌가. 목숨을 바쳐 천주를 흠숭하며 그리스도의 사랑을 증거한 그분들을 위해 잠시나마 고개 숙여 기도드린다.

동양과 서양이 만나고 유교와 신·구교가 공존하며 나라와 반상이 허물어져도 생명의 꽃심으로 천년을 이어온 예향 전주, 거리마다 집집마다 예술의 향기가 넘친다. 바로 그 꽃심의 땅에서 열린 올해 수필의 날 심포지엄은 협회의 행사를 넘어선 전주 특유의 톨레랑스다. 끝이 보이지 않는 이 어려운 코로나19의 터널 속에서도 희망을 포기하지 않고 서로 배려하고 양보하며 일박이일의 일정을 다채롭게 꾸며낸 전주와 전북 수필가단체들에 마음 깊이 감사한다. 행정 당국의 거리두기 지침은 오히려 나의 오롯한 전주 여행을 한 번 더 꿈꾸게 한 추억이었다. 어느 날 또 그곳을 찾을 것이다. 하루 종일 그곳에 머물다가 해 질 무렵 고

풍창연한 전주역사의 기와지붕과 처마를 바라보다가 훌쩍 남원으로 갈지도 모르겠다. 매안 이씨 종가와 거멍굴의 사람들을 혼불 박물관에서 다시 만나보리라. 이튿날은 광한루의 오작교를 건너 봉래 방장 영주섬을 신선처럼 거닐다가 완월정의 달구경은 어떨까. 하루 더 묵으며 월매가 따라주는 술 한 잔에 어디선가 들려오는 춘향가를 들어봄도 좋으리.

길에도 법이 있다네

경적이 울린다. 잠시 긴장하며 백미러와 계기판을 본 다음 창밖 좌우편을 살핀다. 내 판단으로선 아무런 이상이 없기에 가던 길을 그대로 간다. 만리재, 완만하지만 경사에 커브도 있고 시속 50킬로 제한 표시와 감시카메라가 비교적 촘촘히 있는 길이다. 왕복 2차선 중에 주행선에는 공사장 앞의 레미콘 차도 서 있고 더러 택배 차량이나 이런저런 작업 차량에 버스정류장도 두 개나 있어 복잡하다. 늘 다니는 길이지만 그래도 조심해서 운전한다. 고갯마루에 이르렀을 때 마침 적색 신호등으로 바뀌어 멈추었다. 바로 옆으로 SUV 차량이 급히 멈추더니 창문을 열고 내게 뭐라고 소리를 지른다. 경적을 울린 사람인가 싶어서 창문을 내리자 외쳐대는 소리에 깜짝 놀란다.

"아줌마, 그렇게 길을 막고 운전을 하면 어떻게 해요?"

어처구니가 없는 상황이지만 조용히 대답했다.

"이 길, 50km 속도제한인데요."

속도위반이라도 하면서 요령껏 달리라는 모양인데 더는 대꾸

할 분위기가 아니다. 말없이 웃으며 거수경례를 했다. 내 하얀 머리칼을 보더니 더는 아무 말을 않고 창문을 닫는다. 그래도 늙은이를 알아주나 싶어 기특한 마음으로 다시 백미러를 본다. 신호대기 중인 차량 몇 대가 보일 뿐이다. 곧이어 푸른 신호등으로 바뀌자 그 혈기왕성한 사람은 보란 듯이 내 앞으로 일단 들어와서 브레이크를 밟으며 멈칫하더니 다시 냅다 달린다. 제한 속도를 한참이나 넘었을 굉음을 내며…. 만약 나도 그렇게 액셀러레이터를 세게 밟으며 출발했다면 어떤 상황이 벌어졌을까. 그가 내 앞으로 갑자기 들어왔을 때 이미 한바탕 추돌사고가 있었을지도 모른다. 그걸 원했을까. 자동차 사고란 정말 눈 깜짝할 순간에 일어난다. 어찌 저런 무모한 운전을 할 수 있단 말인가. 그런 고의적 보험사고를 종종 뉴스에서 보지만 바로 눈앞에서 겪는 일에 식은땀이 난다. 순식간에 젊은이를 향한 마음이 가늠이 안 되는 참으로 안타까운 일이다.

고속도로에서는 그런 종류의 신경전으로 인한 대형 사고들이 더 잦다고 한다. 제한 속도로 가는 것이 못마땅해서 원등을 켜대며 앞차를 위협한다. 바짝 따라가며 불안하게 하거나 갑자기 앞으로 끼어들어 브레이크를 밟는 등 위험천만한 일들이 비일비재하다. 이제 우리의 교통문화도 달라져야 하지 않을까. 대한민국의 자동차 등록 대수가 이천오백만에 가깝고 날마다 거미줄 같은 교통망을 달리는 자동차의 흐름이 대단하다. 교통 상황 및 법규에 맞추어서 운전하기가 날로 어려워진다. 국도나 지방도로는 물론 건널목이 있는 일반 도로에서는 오가는 보행인도 배려하며 운전을 해야 한다. 규칙을 지키며 달리는 사람에게 왜 그렇게 늦게 달려서 길을 막히게 하느냐는 억지를 부려서는 안 된다. 병목현상 앞에서나 규제와 단속이 심한 길은 나름대로 주의하라는 지시임을 인지하고 판단해야 한다. 무조건 '빨리빨리'의 시대는 갔다. 서로 양보하고 배려하는 매너는 오히려 적정한 경제속도로 이어지고 모두에게 안전운전도 보장되는 것이 아닐까. 차도는 결코 나 홀로 걷는 산책로가 아니다.

'여보게 젊은이, 나도 한때는 자네보다 더 빠른 속도로 달린 적이 있다네. 세계적으로도 유명한 속도제한이 없는 독일의 아우토반을 말이네. 능력껏 액셀러레이터를 밟을 수 있는 탄탄대로지만 마음대로 달릴 수는 없는 법, 길에도 법이 있다네. 그 법을 배우고 지키겠다는 약속과 함께 자동차라는 기계를 움직이며 달리는 것일세. 자동차보다 우선인 자동차를 다루는 사람의 생명존중에 대한 가르침은 나 자신만이 아니라 너와 우리 모두를 위한 조약이라네. 교통질서를 위한 법규를 알아야 하고 도로 표지판을 식별하고 인지하며 판단하는 일, 시시각각 변화하는 교통상황에 대한 대처가 어디 그리 쉽던가. 길은 나 혼자만을 위한 것이 아닌 모든 사람이 함께 이용하는 우리 사회의 기반시설이지 않은가. 결코, 도로의 무법자가 되어서는 안 되네. 안전운전 생명 존중의 정신이 몸에 배고 교통의 흐름 속에 함께 할 수 있을 때 우리는 비로소 자동차 운전을 할 자격을 갖추게 되는 것이 아닐까.'

가당치도 않은 이야기를 독백처럼 늘어놓으며 달리는데 삼십여 년 전 독일에서 운전면허증을 취득하던 기억이 떠올랐다. 고속도로 주행 연습으로 라인강을 따라 드라이브를 했던 꿈같은 추억이 있었다. 찬란한 가을 햇살 아래 독일 와인 재배로 유명한 모젤 강변을 달리는 아름다운 여행이었다. 기분 좋은 레스토랑도 카페도 들러가며 주인 없는 사과밭에서 사과도 한 바구니씩 딸 수 있었던 즐거운 소풍을 하였다. 연수생들이 번갈아 운전하는데 하필이면 내가 왕복 1차선의 그 긴 길을 달리게 되었다. 갓 태어난 오리처럼 뒤뚱거리며 마냥 천천히 가는 내 뒤로 얼마나 많은 차들이 줄을 서서 따랐던지…. 백미러로 보이는 긴긴 대열을 생각하면 지금도 식은땀이 난다. 그러나 나의 훌륭한 지도 선생은 결코 나를 당황하거나 불안하게 하지 않고 격려와 찬사를 계속하며 힘을 실어주었다.

"당신 운전 아주 멋져요, 정해진 속도로 잘 가고 있으니 절대 걱정하지 말아요. 여기는 1차선 추월 금지이고 뒤의 차량도 모두

당신처럼 초보 시절을 겪었어요. 이렇게 막히면서 가는 법도 배워야 하니 절대 당황하지 말아요."

나는 다시 그에게 말하고 있었다.

'돌아오는 아우토반 연수에서 처음으로 시속 200킬로를 달렸을 때는 정말 숨이 멎을 것 같았지만 멋지게 드라이브를 끝내는 용기도 배웠다네. 일반도로의 건널목에서는 보행자를 위해 마음 놓고 건너가도록 미소를 지으며 아름다운 매너를 갖추는 교육까지 받았지. 참으로 철저한 훈련을 받았던 그때 그 처음처럼 조심스러운 마음 그대로 운전해 왔다네. 아직도 내가 5단 기어를 자유자재로 움직일 수 있다면 놀라겠지? 가끔 멋쟁이 할머니라고 치켜세워주는 분들이 계신다는 의미를 자네는 알까. 스틱으로 기어를 변동해가며 오토매틱보다 훨씬 빨리 멋지게 달릴 수 있다네. 그러나 때와 장소에 따라 달라지는 교통 상황에 맞추어 언제나 반드시 법규를 지키고 사람과 길을 잘 살피며 가야 하네.'

"길에도 법이 있다네."

산불유감(有感)

성난 화마에 초토화된 산과 들은 처참했다. 이리저리 날아다니는 도깨비불이라고도 했다. 봉화처럼 여기저기 타오르던 불길은 순식간에 산을 에워싸서 방대한 붉은 띠를 두르며 무자비하게 숲을 삼켜갔다. 쉬지 않고 물을 뿌려대는 헬리콥터는 마치 잠자리 몇 마리가 힘겹게 봉우리를 넘나드는 모습으로 안타깝기만 했고 오뉴월 가뭄에 병아리 눈물처럼 역부족이었다. 임도(林道)가 어디인가 향방을 가릴 새 없이 불길로 뛰어드는 소방관들의 비장한 모습, 호스로 물을 쏘아대는 그들은 이미 불 속에 들어있었다. 죽음을 불사한 진화 작업은 오히려 불길을 더욱 거세게 만드는 듯 바람은 난폭했다. 아, 이 무슨 조화인가. 기후변화와 지구온난화로만 탓을 미루어야 하나. 멀리서 그저 불안하고 답답하여 잠 못 이루는 밤을 TV 화면에서 눈길을 떼지 못하며 장대 같은 비가 내려주기를 기도할 뿐이었다. 온 국민의 염원을 천지신명께서 들어주시기를 빌고 또 빌었다. 인간이 어찌 위대한 대자연을 정복하리. 우주 만물을 다루시는 하늘의 섭리를 감히 어찌 탓하리.

봉우리마다 벌거벗은 나목들이 검게 그을린 시체로 굳어져 서 있다. 산자락 아래는 타다 만 집터 자리들이 뒤엉켜 있어 어디가 누구네 담장이고 무엇이 누구네 지붕이었던가를 알 수 없다. 검은 잿더미를 뒤적일 엄두도 나지 않아 망연자실 바라보는 구부정한 노인들의 애처로운 모습에 가슴이 옥죄인다. 일자리나 학업을 찾아 대처로 나가 사는 자식들이 달려와 오열하는 곳곳의 사연들도 이어진다. 잔불을 뒤적이며 꺼진 불도 다시 보며 숨 가쁘게 산을 오르내리다가 타다 만 나무 기둥에 몸을 기대어 잠시 눈을 붙인 소방관에게 카메라의 앵글이 멈춘다. 옷자락이며 얼굴이 온통 숯검정이다. 끼니나 제대로 먹고 싸울까. 한밤중 산봉우리에 칼바람은 얼마나 매서웠을까. 밤낮을 가리지 않고 도깨비 같은 산불과 싸우다가 까무러친 모습 뒤로 아직도 피어오르는 연기가 심상치 않다. 언제 또 바람이 몰려와서 불을 지피지 않을까. 낙엽 밑에 숨어있던 불씨, 잔불이 더 위험하지 않다던가.

목성균은 그의 수필집 『누비처네』 중 「혼효림(混淆林)」에서 '숲은 모름지기 혼효림이라야 한다. 소나무와 참나무가 격의 없이 모여 서 있을 때 비로소 우수한 숲의 사회상을 보여준다. 서로의 수격(樹格)을 존중하는 돈독한 모습은 오월의 숲에서 주의를 기울이면 보인다. 참나무에 의해서 소나무의 기품이 뛰어나 보이고 소나무의 뛰어난 기품에 의해서 참나무의 필요성이 인식된다.'라고 썼다. 벌써 열흘이 되도록 불길을 잡을 수 없는 이 봄의 경북 여러 지역과 지리산 자락의 산불을 지켜보며 몇 번이나 읽어 본 문장이다. 그가 산림 공무원으로 재직할 동안 태백산맥의 고원에서 힘들게 일하며 겪고 느낀 바를 적은 산중일기를 다시 읽어 보았다. 계속되는 무서운 산불 소식으로 잠 못 이루던 밤을 그의 빛나는 수필로 깊은 위로를 받았다.

해마다 발생하는 봄철 산불에 대한 보도와 토론이 방송사마다 경쟁적으로 이어진다. 소 잃고 외양간 고치는 격이지만 그래도 원인과 예방 대책을 알고 있다면 미연에 방지할 길이 되리라. 주무 행정 당국인 산림청은 물론 삼림에 대한 많은 전문인들이 선진국들의 사례를 들어가며 미래의 삼림 관리에 대한 설계도를 다각도로 제시한다. 지구상에 많은 나라들 중에서도 삼림 강국인 독일이나 오스트리아를 비롯하여 이웃 나라 일본에서는 나무를 사랑하고 숲을 가꾸는 역사가 무척 오래다. 철저히 계획된 조림 사업은 지속적인 관리로 건강하고 아름다운 숲으로 자연자원은 물론 관광사업으로도 확대 이용되고 있다. 화마가 쉽게 덤빌 수 없도록 수종도 선택적으로 식재되며 삼림의 구성도 양(量)이 아닌 질(質)로 이루어진다고 한다. 중서부 유럽은 강수량이 많은 기후적 조건도 있겠지만 침엽수가 많은 우리나라의 산에 비해서 활엽수 중에도 인화에 강한 참나무가 많은 것이 장점일 수 있다.

만일에 산불이 날 경우 방화선의 역할은 물론 소방 차량의 진입이나 벌목 자재 운반 등을 위한 적정한 임도의 설치 또한 중요한 역할을 한다. 화재에 대비해서 새로운 장비와 특화된 헬리콥터와 드론을 마련하는 것도 중요하다. 한편 환경론을 주장하는 사람들은 숲 사이의 임도가 자연환경을 해칠 뿐 아니라 오히려 도시의 빌딩풍처럼 소용돌이쳐서 불길을 증폭시키는 역할을 한다니 그 또한 이율배반의 이론일까.

곳곳의 문화재와 천년고찰이 터만 남기고 사라졌다. 방염포로 불상을 싸매며 어떻게든 화마로부터 지켜보려고 안간힘 쓰며 울먹이던 노스님의 모습이 다시금 눈에 어린다. 육이오 전쟁 후 초토화된 우리 대한민국의 산을 다시금 금수강산으로 이루기까지 얼마나 큰 노력을 기울였던가. 헐벗은 산을 어떻게든 빨리 푸르게만 만들려던 조급함에 체계적인 조림 과정을 벗어난 시행착오가 있었을 것이다. 땔감으로만 알던 산의 나무가 경제발전으로 인한 에너지 선진화로 밀식된 나무를 간벌해야 할 정도로 산은 이제 울울창창하게 뒤덮였다. 나무들은 서로 경쟁하며 적자생존하여 겨울이면 설해목(雪害木) 부러지는 소리가 온 산에 메아리칠 정도가 되었다. 그러나 해마다 꽃소식이 오면 이어서 오는 산불이 못내 안타깝고 장마철이 되면 홍수 또한 피할 수 없는 까닭은 무엇일까. 사후약방문 같은 해설 뒤에 얼마간 시간이 흐르면 그 참혹한 화마는 어느새 잊히고 이듬해 봄에 우리는 다시 또 무서운 산불을 바라보아야만 할까. 근본적인 예방대책을 학계에서 행정 당국에서 강구할 뿐만 아니라 모든 국민이 관심을 가지고 숲을 아끼고 사랑하는 마음으로 자연환경을 지켜가야 할 것이다.

불타 버린 검은 민둥산에서 이제 우리는 더욱 건강하고 푸르른 숲을 가꾸어야 한다. 텅 빈 들에서 산에서 더 깊이 관찰하고 연구하여 나무 한 그루 한 그루를 정성 들여 심어야겠다. 지형과 토양에 맞고 화재에 견고한 활엽수를 침엽수와 섞어서 단위 면적당 적정한 수량과 크기의 나무를 과학적으로 잘 가꾸어야 한다. 독일의 슈바르츠발트처럼 검푸르게 관리하고 이웃 나라 일본의 삼나무와 측백나무 숲처럼 백년대계로 삼아야 하리. 수필가 목성균이 힘주어 말하던 혼효림(混淆林)으로, 숲에서 읽는 우수한 사회상(社會相)처럼….

푸른 별을 생각하며

삼동설한(三冬雪寒)이라더니 강추위가 이어진다. 여름이 더우면 그해 겨울도 춥다던가. 거푸 내린 눈이 꽁 얼어 저절로 몸이 움츠러든다. 쓰레기 버리는 날이다. 분리수거장으로 내려가려니 모자며 목도리에 장갑까지 채비가 만만치 않다. 집집이 내다 버린 쓰레기가 이미 작은 산더미다. 쉽게 개선되지 않는 우리들의 일상을 돌아보며 거추장스러운 차림처럼 마음이 무거워진다.

지구 온난화로 인한 기상이변은 이제 우리만의 사정도 아니어서 춥고 더운 문제보다 더 충격적인 뉴스들을 접하면 가슴이 서늘하다. 알프스의 빙하가 녹아내려서 홍수가 지는 유럽 이야기는 해마다 반복되고 태평양 연안의 무서운 해일이 그러하다. 오대양 육대주로 이루어진 푸른 별의 몸살이 점점 심각해진다. 해수면 온도 상승으로 인한 대기의 불안정과 기후변화에 이렇게 무심해도 될까. 탄소중립이나 환경의 중요성에 대한 보도나 홍보가 지속되어도 강 건너 불이다. 여전히 안락한 삶을 위해 물자와 에너지를 낭비하며 택배 상자와 일회용 플라스틱과 함께 살아간다.

아마존이 마르고 열대우림이 줄어간다. 그곳에 무리 지어 살던 동물들이 물을 찾아 헤맨다. 지구의 허파로 불리는 곳곳의 숲에서 나무를 베어내고 경작지로 바뀌는 상황이다. 더 많이 생산해서 더 큰 이윤을 남기는 경제성만 생각한다. 그 재화로 모든 인류가 골고루 나누어 배고픔 없이 사는가. 그도 아니다. 풀 한 포기 자라지 않는 사막에서 기아에 허덕이는 아프리카 나라들을 떠올린다. 그들에게 배고픔을 면하게 할 곡물들은 어느 부유한 나라 저장고에 쌓여서 썩고 있을까. 젖과 꿀이 흐르는 낙원에 무참히 습격하여 훔쳐 간 보물과 자원들로 부유해진 선진국들이 해야 할 일은 무엇일까.

며칠 한파에 움츠리며 생각이 많다. 이제부터라도 아끼고 낭비하지 말고 작은 것부터 실천하자. 후손들의 내일을 위해서라도 환경을 의식하며 자연의 섭리를 따라야 하리. 온갖 식물과 동물의 생태계가 어우러진 속에 우리 인류도 더불어 살아가는 푸른 별 지구촌이 오래도록 아름답게 빛나도록….

류시(流始)의 작은정원
이곳은 고려대학교 명예교수 신우균님과 수필가 김상분님께서
의왕시 백운호숫가에서 운영하던 원예치료정원 "류시원(流始園)"의
나무들을 기증한 곳입니다. 마포구민의 쉼터인 경의선 선형의
숲에서 몸과 마음의 녹색치유와 더불어 아름다운 시간과 꿈을
담아가시기 바랍니다.
2016. 4. 18
마포구

시인(詩人)의 길

난초지초(蘭草芝草) 피어나던
향기로운 꽃섬 은빛 모래사장에
우리는 무엇을 했던가

서울의 쓰레기 집하장
다지고 다져 만든 두 봉우리, 하늘과 노을
썩고 문드러지며 반세기가 지났네

그러나 위대한 자연은 그토록 품이 넓어
온갖 풀꽃나무 자라고 새들 노래하는
낙원(樂園)을 돌려주었으니

뉘우치며 일구어낸 다섯 개의 공원은
하늘 노을 월드컵의 이름을 달고
평화(平和)와 난지천(蘭芝川)공원까지 어우러졌네

질주하는 강변북로 굽어보는
하늘에 닿을 신성한 숲
메타세콰이어, 시인의 길에
굳건한 희망을 심으며
무량(無量)한 마포 사랑의 시심(詩心)을 키우리

金相芬 수필집
류시의 노을정원

2025년 12월 25일 초판 인쇄
2026년 1월 6일 초판 발행

지은이 / 金相芬

발행인 / 강병욱
발행처 / 도서출판 교음사

03147 서울 종로구 삼일대로 457 수운회관 1308호
Tel 02 737-7081, 739-7879Fax
e-mail : gyoeum@daum.net
등록 / 제2007-000052호

* 잘못된 책은 바꿔 드립니다. 값 15,000원

ISBN 978-89-7814-125-3 03810